제임스 패커의
복음전도란 무엇인가

생명의말씀사

EVANGELISM & THE SOVEREIGNTY OF GOD
by J. I. Packer

Copyright © 1961 by Inter-Varsity Fellowship, England
Originally published in U.K. by Inter-Varsity Press,
38 De Montfort Street, Leicester LE1 7GP.
All rights reserved.

Korean Edition published by Word of Life Press, Seoul 1977, 2012.
Translated and published by permission.
Printed in Korea.

제임스 패커의
복음전도란 무엇인가

ⓒ 생명의말씀사 1977. 2012.

1977년 6월 20일 1판 1쇄 발행
1997년 6월 25일   10쇄 발행
2012년 6월 28일 2판 1쇄 발행
2025년 8월 6일   5쇄 발행

펴낸이 | 김창영
펴낸곳 | 생명의말씀사

등록 | 1962. 1. 10. No.300-1962-1
주소 | 서울시 종로구 경희궁1길 6 (03176)
전화 | 02)738-6555(본사)・02)3159-7979(영업)
팩스 | 02)739-3824(본사)・080-022-8585(영업)

기획편집 | 구자섭, 장주연
디자인 | 최윤창, 송민재
인쇄 | 예원프린팅
제본 | 보경문화사

ISBN 978-89-04-15987-1 (03230)

저작권자의 허락없이 이 책의 일부 또는 전체를
무단 복제, 전재, 발췌하면 저작권법에 의해 처벌을 받습니다.

제임스 패커의
복음전도란
무엇인가

James Packer

추천의 글

1973년, 『하나님을 아는 지식』이 출간되면서 제임스 패커는 복음주의의 거성으로 크게 부상했다. 그러나 이전에도 그는 복음주의 독자들을 위해 많은 기여를 했다. 그는 핵심 주제를 명료하고 강력하게 설명하는 능력이 탁월했다. 다른 사람 같으면 두꺼운 책을 써서 장황하게 논의했을 주제를 패커는 서너 장으로 구성된 작은 책만으로도 핵심적인 논제를 정확하고 공정하게 다루곤 했다.

패커는 존 파이퍼의 『하나님을 기뻐하라』와 자신의 책 『하나님을 아는 지식』이 출간되기 오래전에 존 오웬의 『그리스도의 죽음 안에 있는 죽음의 종식』(*The Death of Death in the Death of*

Christ)이라는 책의 간단한 머리글에서 "하나님 중심주의"라는 메시지를 크게 외쳤다. 또한 『근본주의와 하나님의 말씀』이라는 작은 책에서는 성경을 믿는 믿음이 실종된 현상을 다루었으며, 1961년 7월에는 지금 우리의 손에 들려 있는 『복음전도란 무엇인가』를 펴냈다.

  이 책은 제목 자체가 내용을 간결하게 요약하고 있다. 따라서 제목만으로도 무슨 내용인지 쉽게 짐작할 수 있다. 또한 이 책의 제목은 다양한 독자들의 관심을 자극한다.

  복음전도에 관심이 있는가? 이 책은 단순하면서도 신중한 신학적 관점에서 복음전도의 본질과 필요성을 명쾌하게 설명한다. 따라서 이 책을 읽으면 복음을 더 잘 전할 수 있을 것이다.

  하나님의 주권 교리에 관심이 있는가? 그렇다면 이 책을 읽으라. 패커는 매우 기본적이면서도 심도 있는 논의를 통해 "하나님이 모든 일을 주관하시는데 왜 우리가 무엇을 해야 하는가? 왜 우리가 사역을 해야 하고, 기도해야 하는가? 왜 복음을 전해야 하는가?"라는 질문에 답한다. 그는 성경에 근거해 정확하고 분명하게 설명한다. 따라서 이 책은 하나님의 주권과 인간의 책임이 어떻게 조화를 이루는지에 대해 궁금증을 느끼는 사람에게 매우 유익하다.

충실한 신자들 가운데는 기도나 선교, 또는 베풂과 같은 여러 가지 실천적인 행위와 관련해 하나님의 주권적 사역과 우리의 노력이 서로 상충한다고 혼동하는 이들이 더러 있다. 나는 그런 신자들에게 이 책을 읽어보라고 종종 권한다. 패커는 놀랍도록 신중하게 성경을 다루며 적절한 사례와 적용을 곁들여 우리를 확실한 진리 가운데로 인도한다.

이 책은 모순과 역설을 옳게 구분할 뿐 아니라 서로 반대되는 원리를 조화롭게 설명한다. 뿐만 아니라 값싼 신학을 제시하지도 않는다. 패커는 하나님의 주권과 인간의 책임이 서로 모순되지 않는 교리라고 주장한다. 그는 이 두 교리를 "친구"라고 일컫는다. 패커는 이 책에서 지난날의 갈등을 극복하고 성경과 성경의 하나님을 함께 생각함으로써 은혜로운 화합에 도달해야 한다고 강조한다.

이 책은 거의 50년 전에 쓰였지만 시대를 초월하는 진리를 담고 있다. 열정적인 믿음의 경험에서 우러나온 책이다. 따라서 독자들도 하나님을 향한 뜨거운 열정으로 이 책을 읽어야 한다. 이 책은 사변을 몰아내고 믿음을 증대시킨다. 이 책을 읽는 사람은 더욱 충실하고, 더욱 자주 복음을 전하는 전도자로 거듭날 것이다.

이러한 경험에 동참하기를 원한다면 지금까지 이 책을 읽었던 수많은 독자들, 내가 수년 동안 이 책을 권했던 사람들, 그리고 나 자신이 했던 대로 이 책을 기도하며 읽어주기 바란다.

– 마크 데버(워싱턴 캐피털힐 침례교회 담임목사)

서문

이 책의 논의는 1959년 10월 24일, 런던기독인대학교수연맹이 주관한 예비선교회의에서 이루어진 강연을 토대로 한다. 당시의 강연을 발전시켜 책으로 엮은 이유는 이를 보다 널리 알리기 위해서다. 이 책이 설교 형식을 취하는 이유는 애초에 강연의 형태로 주어졌고, 또 논의의 주제가 실천적인 성격을 띠고 있기 때문이다.

이 책의 의도를 오해하지 않도록 서두에서 그 목적과 무관한 것 몇 가지를 밝히면 다음과 같다.

첫째, 이 책은 복음전도 전략과 관련된 원리들을 다루고 있다. 하지만 그렇다고 해서 오늘날의 복음전도에 필요한 청사진을 제공하지는 않는다.

둘째, 이 책은 복음전도 방법을 둘러싸고 벌어지는 작금의 논쟁을 해결하는 데 도움이 되는 원리들을 다루고 있다. 하지만 그렇다고 해서 그런 논쟁에 가세하지는 않는다.

셋째, 이 책은 복음전도를 위한 모든 노력을 평가하는 데 필요한 원리들을 다루고 있다. 하지만 그렇다고 해서 특정 개인의 복음전도 원리를 비판하지는 않는다.

그러면 이 책의 목적은 무엇인가? 이 책은 성경적이며 신학적인 논리에 입각해 하나님의 주권, 인간의 책임, 그리스도인의 복음전도 의무라는 세 가지 현실이 서로 어떤 관계를 맺고 있는지를 규명하는 데 초점을 맞춘다. 그중 특히 그리스도인의 복음전도 의무가 이 책의 진정한 주제다. 하나님의 주권과 인간의 책임은 복음전도와 관련된 내용만을 다룰 생각이다. 논의의 목적은 하나님의 절대 주권을 믿는 신앙이 복음전도의 의무를 회피하도록 방해한다는 의구심을 해소하고, 오히려 복음전도의 의무를 완수할 수 있는 능력을 준다는 사실을 입증하는 데 있다.

내가 이 책에서 다루는 요지들을 바탕으로 소위 기독학생회(IVF)의 정통 입장을 세우려고 한다고 생각하면 오산이다. 이는 기독학생회의 근본 교리 안에 잘 명시되어 있다. 하지만 기독학생회의 회원들은 그런 정통 입장에 구애받지 않고 누구나 존 웨슬리의 표현대로 "생각하고, 또 생각을 촉구할" 자유가 있다. 어떤 주제든 단 한 가지 견해만 용납될 수 있다는 생각은 잘못이다. 이 책의 주제와 관련해 기독학생회의 회원들 가운데 일부는 나와 다른 견해를 얼마든지 주장할 수 있다. 마찬가지로 나도 나 자신의 견해를 밝힐 권리가 있다. 나의 견해가 성경적이고 적절할 뿐 아니라 교회의 덕을 세우는 데 기여한다면 그런 나의 입장을 굳이 감추고 싶지는 않다.

머리글

　그리스도의 종들은 어느 곳에서나 항상 복음전도의 명령을 받들어 섬긴다. 내가 지금부터 말하려는 내용이 이 임무를 수행하는 촉진제가 되기를 바란다.
　아울러 이 책의 내용이 또 하나의 목적을 수행해 주기를 바란다. 오늘날 기독교계 내에는 복음전도의 방법과 수단을 둘러싸고 많은 논쟁과 성찰이 이루어지고 있다. 나는 복음전도와 관련하여 영적인 요소들에 대해 말하고자 한다. 나의 견해가 서로의 이견을 좁히고 논쟁을 해결하는 데 기여할 수 있기를 바란다.
　내가 다룰 주제는 복음전도다. 나는 이 주제를 하나님의 주권과 관련해 말할 생각이다. 이는 복음전도에 관한 올바른 생각을 촉구하는 범위 내에서 하나님의 주권을 논하겠다는 뜻이다.

하나님의 주권은 방대한 주제다. 이는 성경이 증언하는 주님이시자 왕이신 하나님, 즉 "모든 일을 그의 뜻의 결정대로 일하시는 이"(엡 1:11)로서 그 영원한 계획을 이루기 위해 모든 과정과 사건을 섭리하시고 인도하시는 하나님에 관한 진리를 총망라한다. 따라서 이 주제를 온전히 다루려면 단지 섭리뿐 아니라 예정과 종말에 관한 진리까지 세세히 살펴봐야 한다. 이는 이 책이 다루는 범위를 넘어선다. 여기에서 우리가 관심을 기울이는 내용은 구원 은혜와 관련된 하나님의 주권, 즉 그리스도를 통해 무력한 죄인들을 자신에게로 부르시는 하나님의 불가항력적인 행위다.

하나님의 주권과 그리스도인에게 주어진 복음전도 의무의 상호 관계를 살펴보고자 하는 지금, 나는 한 가지 구체적인 목적을 염두에 두고 있다. 오늘날에는 하나님의 절대 주권을 믿는 강인한 신앙이 오히려 인간으로 하여금 자신의 책임을 의식하지 못하게 방해한다는 의구심이 만연해 있다. 그런 신앙은 안일감에 젖어 아무 활동도 하지 않는 습관을 발전시킬 수 있기 때문에 영혼의 건강에 해를 끼친다는 것이 요즘 사람들의 생각이다. 특히 사람들은 하나님의 절대 주권을 믿는 신앙이 복음을 전하려는 의지는 물론 복음전도에 필요한 메시지를 가로막아 복음전도 자체를 마비시킨다고 생각한다. 이런 생각은 마치 복음을 전하는 동안 하나님의 주권 교리가 진리가 아닌 척 처신할 준비가 되어 있지 않으면 복음을 효과적으로 전할 수 없다는 의미를 담고 있는 듯하다.

따라서 나는 하나님의 주권적 통치와 은혜를 믿는 믿음이 복음전도를 방해하기는커녕 그 생명력을 유지시켜주는 강력한 동기가 될 수 있다는 점을 입증해 보이고 싶다. 왜냐하면 일시적인 좌절과 실패에 굴하지 않고 담대하고 끈기 있게 복음을 전하고자 할 때 필요한 원동력은 오직 하나님의 주권을 믿는 신앙밖에 없기 때문이다.

하나님의 주권을 믿는 신앙은 결코 복음전도를 무기력하게 만들지 않는다. 오히려 그런 신앙이 없을 때 복음전도는 지속적인 생명력을 잃고 힘을 상실한다. 앞으로의 논의를 통해 이 점이 더욱 분명하게 드러나기를 바란다.

목차

추천의 글 _ 마크 데버 | 5
서 문 | 9
머 리 글 | 12

1장 복음전도와 하나님의 주권 | 17

2장 복음전도와 인간의 책임 | 29

3장 복음전도란 무엇인가 | 57

복음전도는 무엇인가?
복음전도의 메시지는 무엇인가?
복음전도의 동기는 무엇인가?
어떤 수단과 방법으로 복음을 전할 것인가?

4장 하나님의 일 vs 인간의 일 | 133

부정적인 명제
긍정적인 명제

주 | 182

1장

복음전도와
하나님의 주권

하나님은 온 우주의 주권자이시다. 나는 이 보편 진리를 입증하는 데 시간을 할애하고픈 생각이 없다. 굳이 그렇게 할 필요가 없다. 그리스도인이라면 누구나 이미 그 사실을 믿고 있기 때문이다. 내가 이렇게 장담하는 이유가 궁금한가? 그 이유는 간단하다. 그리스도인이라면 누구나 기도를 드리기 때문이다. 잘 알다시피 기도는 하나님의 주권을 인정하는 믿음에 근거한다. 우리는 기도를 통해 필요를 아뢰고, 받은 축복에 감사한다. 왜 그럴까? 하나님이 우리가 이미 가지고 있는 모든 좋은 것과 장래에 희망하는 모든 좋은 것의 원천이시자 시혜자이시기 때문이다. 이것이 기도의 근본 철학이다.

하나님은 온 우주의 주권자이시다. 나는 이 보편 진리를 입증하는 데 시간을 할애하고픈 생각이 없다. 굳이 그렇게 할 필요도 없다. 그리스도인이라면 누구나 이미 그 사실을 믿고 있기 때문이다.

내가 이렇게 장담하는 이유가 궁금한가? 그 이유는 간단하다. 그리스도인이라면 누구나 기도를 드리기 때문이다. 잘 알다시피 기도는 하나님의 주권을 인정하는 믿음에 근거한다. 우리는 기도를 통해 필요를 아뢰고, 받은 축복에 감사한다. 왜 그럴까? 하나님이 우리가 이미 가지고 있는 모든 좋은 것과 장래에 희망하는 모든 좋은 것의 원천이시자 시혜자이시기 때문이다. 이것이

기도의 근본 철학이다.

그리스도인의 기도는 스스로의 무력함과 의존 상태를 겸손히 인정하는 행위다. 우리는 하나님 앞에 무릎을 꿇을 때 세상을 통제하는 자가 자신이 아니라는 사실을 의식한다. 우리는 스스로의 필요를 채울 능력이 없다. 우리 자신과 다른 사람들을 위해 바라고 구하는 온갖 선한 것은 다 하나님의 선물이다. 하물며 일용할 양식조차 하나님의 선물일진대 영적 은혜는 더욱더 그러하다(주기도문은 이 사실을 분명히 가르친다). 혹시 나중에 어떤 어리석은 말을 내뱉을지라도 기도하는 그 순간만큼은 이 사실이 정오의 태양처럼 자명하게 느껴진다.

간단히 말해 우리는 기도할 때마다 스스로의 무력함과 하나님의 주권을 고백하는 셈이다. 그리스도인의 기도는 그 자체로 하나님의 주권을 믿는다는 확실한 증거가 된다.

아울러 나는 하나님이 주권적으로 구원을 베푸신다는 진리를 입증하는 데도 굳이 시간을 들이고 싶지 않다. 왜냐하면 그리스도인이라면 누구나 다 알고 있는 진리이기 때문이다. 이를 입증하는 데는 두 가지 사실을 지적하는 것으로 족하다.

첫째, 우리는 우리에게 회심의 은혜를 베풀어주신 하나님께 감사한다. 그 이유는 무엇일까? 하나님이 전적으로 우리의 회심을 이끄셨다는 사실을 마음으로부터 알고 있기 때문이다. 우리가 스스로를 구원한 것이 아니다. 하나님이 구원하셨다. 그리스도인의 감사는 그 자체로 우리의 회심이 하나님의 사역이라는 사실을 인정하는 것이다.

우리가 기독교의 영향을 받게 된 것은 결코 우연이 아니다. 또 우리가 교회에 나가 복음을 듣고, 그리스도인 친구를 만나고, 더러는 기독교 가정에서 태어나 성장하고, 성경을 소유하고, 그리스도의 필요성을 느껴 그분을 주님으로 영접하게 된 것도 결코 우연이 아니다. 우리는 우리의 회개와 믿음을 스스로의 지혜나 신중함, 또는 건전한 판단이나 분별력의 결과로 여기지 않는다.

물론 우리는 그리스도를 구할 때 성경을 읽고 깊이 묵상하는 등 열심히 노력했다. 하지만 그러한 노력을 기울였다고 해서 회심이 우리에게서 비롯했다고 생각할 수는 없다. 우리가 믿음으로 그리스도의 초청에 응했을 때 그 행위는 분명히 우리에게서 비롯했지만 그렇다고 해서 우리가 스스로를 구원했다고 말할 수는 없다. 우리는 그러한 생각조차 하지 않는다.

지난날을 돌아보면 복음의 메시지 앞에서 무지와 무관심과 강퍅함을 드러내며 온갖 변명을 들이댔던 우리의 모습을 발견할 수 있다. 하지만 그런 우리가 마침내 그리스도의 강권적인 은혜에 무릎을 꿇었다고 해서 우쭐해할 이유는 전혀 없다. 우리는 구원의 공로를 하나님과 나눠 가질 생각을 결코 하지 않는다. 우리는 단 한순간도 우리 자신이 우리의 구원에 결정적으로 기여했다고 생각하지 않는다.

또한 하나님이 은혜의 수단과 기회를 허락하신 것은 감사하지만 그 부르심에 우리 스스로 응했으니 결국 감사는 하나님이 아니라 우리가 받아야 마땅하다고 감히 주장하지도 않는다. 우리의 마음은 하나님께 감히 그런 주장을 늘어놓는 생각만 해도 즉시 강한 반발을 드러낸다.

사실 우리는 우리가 믿고 영접할 수 있는 그리스도를 선물로 주신 것 못지않게 믿음과 회심의 은혜를 주신 것에 진정으로 감사한다. 그리스도인이 된 뒤로 우리는 항상 그런 마음을 가지고 살아왔다. 우리는 구원에 포함된 모든 축복에 대해 하나님께 감사한다. 또한 믿음을 주신 하나님께 감사하지 않는 것은 곧 불경죄를 범하는 것이라고 알고 있다.

이처럼 회심을 생각하며 감사할 때 우리는 구원의 은혜를 베푸신 하나님의 주권을 인정하게 된다. 이는 세상에 있는 그 어떤 그리스도인도 마찬가지다.

이 문제와 관련해 1784년 12월 20일에 찰스 시므온이 존 웨슬리와 나눈 대화는 매우 의미심장하다(이 날짜는 『존 웨슬리의 일기』에 명시되어 있다).

"찰스 시므온이 말했다.

'선생님, 사람들이 선생님을 아르미니우스주의자로 부른다는 것을 알고 있습니다. 그와는 달리 저는 이따금 칼빈주의자로 불리지요. 따라서 우리는 서로 칼을 뽑아들고 맞서 싸워야 합니다. 하지만 싸움을 시작하기 전에 선생님이 허락하신다면 먼저 몇 가지 질문을 드리고 싶습니다. 선생님은 자신이 부패할 대로 부패한 죄인이라서 하나님이 먼저 돌이킬 수 있는 마음을 허락하지 않으신다면 결코 그분께 나아갈 수 없다고 생각하십니까?'

노익장이었던 웨슬리는 '그렇소, 진실로 그렇게 믿고 있소이다'라고 대답했다. 그들의 대화는 계속 이어졌다.

'선생님이 무슨 행동을 하든 그것을 하나님께 공로로 내세울 수 없다는 것을 알고 오직 그리스도의 보혈과 의를 통해서만 구원받을 수 있다고 믿으십니까?'

'그렇소, 오직 그리스도를 통해서만 구원받을 수 있소.'

'그런데 처음에는 그리스도를 통해 구원받았다고 인정하지만

나중에는 어떻게 해서든 행위로 스스로를 구원하려고 하지 않습니까?'

'아니요, 처음부터 끝까지 그리스도를 통해 구원받아야 하오.'

'하지만 처음에는 하나님의 은혜로 죄에서 돌이켰다는 사실을 받아들이지만 나중에는 어떻게 해서든 자신의 힘으로 구원을 유지하려고 하지 않습니까?'

'아니요, 그렇지 않소.'

'그러면 선생님은 갓난아이가 어머니의 품에 안겨 있듯이 매 순간 하나님의 돌보심에 의지해야 한다고 믿으십니까?'

'그렇소, 물론이오.'

'하나님의 영원한 나라에 들어가기 위해 그분의 은혜와 자비에 모든 희망을 걸고 계신가요?'

'그렇소, 나는 오직 하나님께 희망을 두고 있소.'

'그렇다면 선생님, 저는 다시 칼을 칼집에 꽂아야겠습니다. 왜냐하면 이것이 제가 믿는 칼빈주의이기 때문입니다. 선택과 이신칭의와 성도의 견인이야말로 제가 믿고 힘껏 붙잡는 믿음의 요지입니다. 이제 선생님이 기쁘게 생각하신다면 서로 논쟁을 벌일 문구나 표현을 찾으려고 애쓰지 말고 서로 동의하는 진리 안에서 진정으로 하나가 되면 좋겠습니다.'"[1]

하나님이 주권적으로 구원을 베푸신다는 진리를 입증하는 둘째 사실은 우리가 다른 사람들의 회심을 위해 기도한다는 것이다. 우리는 어떤 믿음으로 그들을 위해 중보기도하는가? 그들이 하나님과 상관없이 스스로를 구원할 수 있도록 인도해 달라고 기도하는가? 그렇지 않다. 우리는 하나님이 그들을 구원해 주시리라 굳게 확신하고 기도한다. 하나님이 그들에게 깨달음을 주시고, 강퍅한 마음을 부드럽게 하시고, 본성을 새롭게 하시고, 의지를 움직이시어 구세주를 영접할 수 있게 해달라고 기도한다. 하나님이 그들 안에서 구원에 필요한 모든 것을 이루어주시기를 간구한다.

하나님이 실제로 그들을 구원하실 수 없다고 믿기 때문에 그들에게 믿음을 허락하지 말아달라고 기도하는 일은 결단코 있을 수 없다. 그런 일은 절대 없다. 비신자들을 위해 기도할 때는 하나님이 그들에게 능히 믿음을 주실 것이라는 확신을 전제로 한다. 우리는 하나님께 그런 은혜를 베풀어달라고 간청한다. 그와 같이 담대하게 기도할 수 있는 이유는 하나님이 구하는 것을 능히 이루어주시리라고 확신하기 때문이다. 하나님은 진실로 그런 능력이 있으시다. 우리의 중보기도에 힘을 불어넣는 이런 확신은 성령께서 우리의 마음에 새겨 넣으신 하나님의 진리다.

건전하고 지혜로운 신자는 기도할 때 사람들을 구원하시는 분이 바로 하나님이시라는 사실을 결코 잊지 않는다. 사람들이 하나님께로 돌아오는 것은 그들을 친히 자신에게로 이끄시는 하나님의 은혜로운 사역의 결과다. 우리가 드리는 기도의 내용은 바로 그런 지식에 근거한다.

이처럼 중보기도를 드리는 것은 우리의 회심에 감사하는 것과 마찬가지로 하나님의 은혜로운 주권을 인정하고 고백하는 행위다. 이는 세계 어느 곳에 사는 그리스도인이나 다 마찬가지다.

교회 안에는 하나님이 인간의 행위와 구원 신앙과 관련해 실제로 주권자이신가 아닌가를 둘러싼 해묵은 논쟁이 존재한다. 지금까지 말한 내용은 이 논쟁을 어떻게 생각해야 할지를 알려 준다. 상황은 겉으로 보는 것과 다르다. 왜냐하면 하나님의 주권을 믿는 그리스도인도 있고, 그와 반대되는 신념을 가진 그리스도인도 있기 때문이다. 사실 모든 그리스도인이 하나님의 주권을 믿고 있다. 단지 자신에게 그런 믿음이 있다는 사실을 의식하지 못하는 탓에 스스로 그것을 거부한다고 오해하고 있을 뿐이다.

이런 기이한 현상의 원인은 무엇일까? 그 근본 원인은 교회 안에서 빚어지는 대다수의 오류들, 예를 들면 합리적인 사변의 침

투, 일관된 체계를 만들고자 하는 열정, 신비의 현실을 선뜻 인정하지 못하는 경향, 하나님이 사람보다 더 지혜로우시다는 사실을 의식하지 못하는 태도, 성경을 인간의 논리에 귀속시키려는 시도 등의 원인과 하나도 다르지가 않다.

사람들은 성경이 행위에 대한 인간의 책임을 가르친다는 사실은 알고 있지만 그것이 (그런 행위에 대한) 하나님의 주권과 어떻게 조화를 이루는지는 깨닫지 못한다. 그들은 성경의 경우와는 달리 하나님의 주권과 인간의 책임이라는 두 가지 진리가 서로 양립하도록 내버려두지 않는다. 인간의 책임이라는 성경의 진리를 보호하려면 하나님의 주권이라는 성경의 진리(이것 역시 성경이 가르치는 진리다)를 거부해야 한다고 섣불리 결론짓고, 후자를 가르치는 성경 구절들을 적당히 곡해한다. 신비를 난도질해 성경을 지나치게 단순화하려는 욕망은 인간의 왜곡된 생각에서 비롯한다. 그런 탓에 심지어 선한 사람들조차 종종 그런 욕망에 사로잡히곤 한다. 이것이 오늘날 성가신 논쟁이 끊임없이 불거지는 이유다.

하지만 양편에 속한 사람들에게 "어떻게 기도하는가?"를 물으면 둘 다 똑같은 믿음을 가지고 있다는 사실을 금방 확인할 수 있다.

"어떻게 기도하는가? 하나님께 일용할 양식을 구하는가? 회심의 은혜를 허락하신 하나님께 감사하는가? 다른 사람들의 회심을 위해 기도하는가?"

이 질문에 "아니요"라고 대답한다면 아직 거듭나지 못했기 때문일 것이다. 하지만 "예"라고 대답한다면 과거에 이 질문과 관련해 논쟁이 벌어졌을 때 어느 편에 섰든 상관없이 마음으로는 누구 못지않게 하나님의 주권을 굳게 믿고 있다는 증거다.

입으로는 서로 다른 말을 할지라도 무릎으로는 모두 같은 생각이다. 우리의 기도는 우리의 생각이 하나라는 명백한 증거다. 나는 이것을 논의의 출발점으로 삼고자 한다.

2장
복음전도와 인간의 책임

성경은 하나님이 왕으로서 그 영원한 목적에 따라 사람들의 행위를 비롯해 세상만사를 홀로 주관하시고 다스리신다고 가르친다. 그와 동시에 성경은 하나님이 재판관으로서 인간으로 하여금 자신의 선택과 행동에 대해 책임을 지게 하신다고 가르친다. 따라서 복음을 듣는 자는 자신의 반응에 대해 책임을 져야 한다. 복음을 거부하는 것은 불신앙의 죄를 범하는 것이기 때문이다.

이 책의 목적은 하나님이 주권적으로 구원을 베푸신다는 합의된 전제하에 그리스도인이 수행해야 할 복음전도의 본질을 규명하는 데 있다. 미리 말해 두지만 이것은 결코 쉽지 않은 과제다. 신학적인 주제는 무엇이든 조심하지 않으면 항상 오류를 범하게 되기 마련이다. 그 이유는 하나님의 진리가 인간의 기대와 사뭇 다르기 때문이다.

더욱이 우리의 주제는 다루기가 더 까다롭다. 왜냐하면 이 주제를 곰곰이 생각해 보면 성경의 계시 안에 마치 이율배반이 존재하는 것처럼 보이기 때문이다. 인간의 생각은 왜곡된 데다 유한하기까지 해 이런 상황에서는 곁길로 치우칠 가능성이 더 높다.

여기에서 이율배반이란 무엇인가? 『옥스퍼드 사전』은 이율배반을 다음과 같이 정의한다.

"똑같이 논리적이고 합리적이고 필연적인 성격을 띠고 있는 결론들 사이에 존재하는 모순."

하지만 우리의 주제를 염두에 둘 때 이 정의는 그리 정확하지 않다. 오히려 우리는 "겉보기에 모순처럼 보이는 것"이라는 표현을 사용해야 한다. 따라서 신학에서 이율배반이란 다음과 같이 정의될 수 있다.

"겉보기에 모순처럼 보이지만 실제로는 모순이 아닌 것."

다시 말해 "두 가지 명백한 진리 사이에 드러난 부조화"를 뜻한다. 둘 다 부인할 수도 없고 도무지 서로 어울릴 것 같지도 않은 한 쌍의 원리가 나란히 존재할 때 이율배반이 발생한다. 둘 중에 어느 하나를 믿어도 충분한 근거와 이유가 있다. 모두 다 확실하고 굳건한 증거에 근거한다. 하지만 둘을 조화시키는 일은 그야말로 신비 그 자체다. 각각의 원리는 사실이지만 둘을 조화시킬 방법을 찾을 길이 없다.

예를 하나 들어보자. 현대 물리학은 광학 분야에서 한 가지 이율배반에 직면해 있다. 빛의 문제를 다루는 방법에 있어서다. 빛이 파장으로 구성되어 있다는 사실을 보여주는 증거가 유력하다. 그와 동시에 빛이 분자로 구성되어 있다는 사실을 보여주는 증거 역시 명백하다. 빛이 어떻게 파장이면서 동시에 분자가 되는지는 분명하지 않다.

어느 한쪽을 지지하기 위해 다른 한쪽을 배제할 수는 없는 노릇이다. 하나가 다른 하나로 축소될 수도 없고, 서로의 관점에서 서로를 설명할 수도 없다. 겉보기에 서로 양립할 수 없어 보이는 두 가지가 공존한다. 둘 다 사실로 받아들여야 한다. 이와 같은 필연성은 우리의 작은 두뇌를 곤혹스럽게 만든다. 하지만 그 사실을 믿는 것 외에는 달리 도리가 없다.

따라서 이율배반은 역설과는 다른 듯 보인다. 역설은 언어의 유희를 꾀하는 수사법의 일종이다. 즉 서로 반대되는 두 가지 개념이 하나인 것처럼 보이게 하고, 무엇을 주장하는 듯하면서 사실은 그것을 부인하는 표현법이다.

신앙생활에 관한 수많은 진리는 역설을 통해 표현될 수 있다. 예를 들어 『공동기도서』는 "하나님을 섬기는 것은 완전한 자유다"라고 선언한다. 이는 "인간이 종 됨으로써 자유로워진다"는 진리를 표현한 것이다. 또한 바울은 자신의 신앙 체험을 다음과 같이 다양한 역설을 통해 표현했다.

> "근심하는 자 같으나 항상 기뻐하고…아무것도 없는 자 같으나 모든 것을 가진 자로다"(고후 6:10).
> "이는 내가 약한 그때에 강함이라"(고후 12:10).

하지만 역설은 모순되어 보이는 것이 사실이 아니라 단지 표현법에 불과하다는 점에서 이율배반과 다르다. 역설은 현실이 아니라 말이다. 역설은 조금만 생각을 기울여도 금방 풀어헤칠 수 있다. 또한 다른 형태로 바꾸어도 얼마든지 같은 개념을 쉽게 표현할 수 있다. 다시 말해 역설은 항상 쉽게 지워 없앨 수 있다.

앞서 인용한 문구를 다시 생각해 보자. 『공동기도서』는 "하나님을 섬기는 사람은 죄의 지배로부터 해방된다"는 표현을 사용할 수도 있다. 고린도후서 6장 10절과 12장 10절 말씀도 다음과 같이 바꿔 표현할 수 있다.

> "슬픈 상황 속에서도 항상 하나님 안에서 기쁨을 누리며, 비록

재산이나 돈이 없어도 만유의 주님이신 그리스도의 소유가 된 이상 모든 것이 나의 소유나 마찬가지다"(고후 6:10 참조).

"타고난 육체의 연약함을 가장 절실하게 의식하는 순간 하나님이 가장 큰 힘을 허락하신다"(고후 12:10 참조).

역설을 풀어헤쳐 평이한 화법으로 말하는 것은 표현의 강도나 맛에 있어서는 좀 덜하지만 그 의미는 정확히 똑같다. 역설은 말을 어떤 방식으로 사용하느냐에 관한 문제다. 표현의 강도를 높이기 위해 역설을 사용하는 것이다. 이는 지금 논의 중인 주제, 즉 진리 사이에 존재하는 외형상의 모순과는 무관하다.

더구나 역설은 항상 이해가 가능하다. 화자나 저자는 생각을 자극하고 개념을 쉽게 기억하게 하려고 역설을 활용한다. 하지만 상대방에게 깊은 사고를 통해 그 의미를 풀 수 있는 능력이 있어야 한다. 그렇지 않으면 역설은 아무 의미 없는 자가당착일 뿐이다. 이해할 수 없는 역설은 한갓 표현상의 모순에 지나지 않는다. 순수한 역설은 의미 없는 난센스로 간주된다.

이와 대조적으로 이율배반은 쉽게 지워 없앨 수도 없고, 항상 이해할 수도 없다. 이는 수사법이 아니라 "관찰을 통해 확인된 사실에 관한 두 가지 진술 사이의 관계"를 가리킨다. 이율배반은 의도적으로 만들어낼 수 없다. 이율배반은 사실 그 자체로 우리에게 다가온다. 피할 수도 없고, 해결할 수도 없다. 우리가 발명한 것이 아니기 때문에 설명할 수도 없다. 이율배반을 없애는 방법은 사실을 왜곡하는 것뿐이다.

그러면 우리는 이율배반을 어떻게 대해야 할까? 사실을 있는 그대로 받아들이고 그와 더불어 사는 법을 배워야 한다. 겉으로 보이는 모순을 현실로 인정해서는 안 된다. 그것이 모순처럼 보이는 이유는 우리의 이해력이 부족하기 때문이다. 두 가지의 진리는 서로 경쟁 관계가 아니다. 둘은 당장에는 우리가 이해할 수 없는 방식으로 서로를 보완한다. 따라서 양자를 대립시키거나 한쪽에 근거한 추론을 앞세워 다른 한쪽을 무시하지 않도록 조심해야 한다(그런 추론은 불건전하다).

두 가지 진리를 각자의 영역 안에서(즉 그 진리를 도출해낸 증거가 허용하는 범위 안에서) 자연스럽게 활용하라. 두 가지 진리와 두 가지 준거 사이에 어떤 관계가 존재하는지 주의 깊게 살펴보고, 둘의 평화로운 공존을 인정하는 방식으로 현실을 대하라. 현실에 두 가지 진리를 모두 포괄하는 증거가 존재한다는 점을 잊지 말라.

이것이 자연현상과 성경에 나타나는 이율배반을 다루는 방법이다. 내가 이해한 대로라면 이것이 현대 물리학이 빛의 문제를 다루는 방법이다. 그리스도인들도 성경이 가르치는 이율배반을 대할 때 이와 같은 방법을 적용해야 한다.

이 책에서 우리의 관심을 자극하는 특별한 이율배반은 하나님의 주권과 인간의 책임, 즉 보다 성경적으로 말하면 하나님이 왕으로서 행하시는 일과 재판관으로서 행하시는 일 사이에 나타나는 모순이다.

성경은 하나님이 왕으로서 그 영원한 목적에 따라 사람들의 행위를 비롯해 세상만사를 홀로 주관하시고 다스리신다고 가르친다(창 45:8, 50:20; 잠 16:9, 21:1; 마 10:29; 행 4:27 이하; 롬 9:20 이하; 엡 1:11 참조). 그와 동시에 성경은 하나님이 재판관으로서 인간으로 하여금 자신의 선택과 행동에 대해 책임을 지게 하신다고 가르친다(마 25장; 롬 2:1-16; 계 20:11-13 참조). 따라서 복음을 듣는 자는 자신의 반응에 대해 책임을 져야 한다. 복음을 거부하는 것은 불신앙의 죄를 범하는 것이기 때문이다.

> "믿지 아니하는 자는…믿지 아니하므로 벌써 심판을 받은 것이니라"(요 3:18; 관련 성경구절 마 11:20-24; 행 13:38-41; 살후 1:7-10).

바울은 복음을 위탁받았기에 복음을 전할 책임이 있었다. 만일 그가 주어진 사명을 무시했다면 그는 불충실한 죄로 징계를 받았을 것이다.

> "내가 복음을 전할지라도…부득불 할 일임이라 만일 복음을 전하지 아니하면 내게 화가 있을 것이로다"(고전 9:16; 관련 성경구절 겔 3:17 이하, 33:7 이하 참조).

성경은 하나님의 주권과 인간의 책임을 나란히 가르친다. 때로는 한 문맥에서 둘을 동시에 언급한 경우도 있다.

> "인자는 이미 작정된 대로 가거니와 그를 파는 그 사람에게는 화가 있으리로다"(눅 22:22; 관련 성경구절 행 2:23).

모두 신성한 권위를 지닌 진리다. 따라서 둘을 서로 맞세울 것이 아니라 하나로 결합해야 한다. 인간은 하나님의 통제를 받지만 스스로 책임 있는 도덕적 존재다. 동시에 인간은 스스로 책임 있는 도덕적 존재이지만 하나님의 통제를 받는다. 하나님의 주권도 현실이고, 인간의 책임도 현실이다. 이것이 바로 복음전도를 생각할 때 우리가 염두에 두어야 할 이율배반이다.

물론 우리의 유한한 생각으로는 이 문제를 이해할 수 없다. 이는 마치 명백한 모순처럼 들린다. 우리가 보이는 첫 번째 반응은 부조리하다는 불평일 것이다. 바울은 로마서 9장에서 그런 불평을 다뤘다.

> "혹 네가 내게 말하기를 그러면 하나님이 어찌하여 허물하시느냐 누가 그 뜻을 대적하느냐 하리니" (롬 9:19).

이는 "하나님이 우리의 모든 행위를 명령하신다면 그분이 우리의 재판관이 되시어 우리의 부족함을 단죄하는 것이 과연 옳고 합리적인가?" 하는 질문이다. 바울이 어떻게 대답했는지를 잘 살펴보라. 그는 하나님의 행위가 정당하다는 것을 입증하려고 하지 않았다. 그 대신 질문의 의도를 겨냥해 다음과 같이 꾸짖었다.

> "이 사람아 네가 누구이기에 감히 하나님께 반문하느냐" (롬 9:20).

이와 같은 이의를 제기하는 사람은 죄인이자 피조물인 자신에게 하나님의 방식을 트집 잡을 권한이 없다는 사실을 깨달아야 한다. 피조물은 창조주에게 불평을 토로할 권리가 없다.

바울의 말대로 하나님의 주권은 전적으로 정당하다. 왜냐하면 피조물을 마음대로 할 수 있는 절대적인 권한을 소유하고 계시기 때문이다(롬 9:20 이하 참조). 바울은 로마서 서두에서 죄인에 대한 하나님의 심판이 전적으로 의롭다고 말했다. 그 이유는 우리의 죄는 하나님의 징벌을 받아 마땅하기 때문이다(롬 1:18 이하, 32, 2:1-16 참조). 아마도 바울은 우리에게 "이 사실을 인정하고 왕이시자 재판관이신 하나님의 의를 높이 찬양하라"고 말할 것이 분명하다.

하나님의 의로운 주권이 그분의 의로운 심판과 어떻게 조화를 이룰 수 있는지에 대해 사변을 일삼거나 그 둘의 관계가 우리의 이해를 초월한다는 이유로 둘 중 어느 하나의 정의를 문제시해서는 곤란하다. 우리의 사변을 하나님을 이해하는 잣대로 삼아서는 안 된다. 창조주 하나님은 자신이 지고한 주권자이자 의로운 재판관이라고 말씀하신다. 우리는 그것으로 만족해야 한다.

왜 그분의 말씀을 선뜻 받아들이지 않는 것인가? 그분의 말씀을 신뢰할 수 없는가?

성경에서 이런 종류의 신비를 발견하더라도 놀랄 필요가 전혀 없다. 창조주 하나님은 피조물이 온전히 이해할 수 없는 존재이시다. 우리가 이해할 수 있는 하나님, 곧 그 계시 안에 아무런 신비가 존재하지 않는 하나님은 인간의 형상을 따라 만든 신에 불과하다. 다시 말해 그런 하나님은 성경의 하나님이 아니라 인간의 상상이 빚어낸 우상에 지나지 않는다. 성경의 하나님은 이렇게 말씀하신다.

"이는 내 생각이 너희의 생각과 다르며 내 길은 너희의 길과 다름이니라…이는 하늘이 땅보다 높음같이 내 길은 너희의 길보다 높으며 내 생각은 너희의 생각보다 높음이니라" (사 55:8-9).

지금 우리가 다루는 이율배반은 성경의 사례 가운데 고작 하나일 뿐이다. 하나님의 생각과 경륜 안에서 그런 이율배반은 완벽하게 서로 조화를 이룬다. 장차 하늘나라에 가면 우리도 모든 것을 이해하게 될 것이다. 따라서 서로 모순되어 보이는 진리들을 똑같이 강조하고, 성경이 가르치는 대로 나란히 그 관계를 인정하며, 세상에서는 해결할 수 없는 신비가 존재한다는 사실을 겸손히 받아들이는 것이 지혜롭다.

물론 말하기는 쉽지만 실행하기는 어렵다. 그 이유는 인간의 생각이 이율배반을 싫어하기 때문이다. 우리는 신비로워 보이는 것을 모두 없애고 어떤 예외도 용납하지 않은 채 모든 것을 이론적으로 깔끔하게 정리하고 싶어 하는 경향이 있다. 그런 이유로 우리는 하나의 진리를 또 다른 진리를 위해 억누르거나 버리는 등 잘못된 방법을 사용하곤 한다. 우리의 생각에서 모든 이율배반을 제거하여 좀 더 체계적인 신학을 세우려고 한다.

지금 우리가 다루는 주제도 마찬가지다. 우리는 하나의 진리를 강조하기 위해 다른 진리를 뚝 잘라내 버리고 싶은 유혹을 느낀다. 즉 인간의 책임을 강조하기 위해 하나님의 주권을 무시하거나, 하나님의 주권을 강조하기 위해 인간의 책임을 무시하는 잘못을 저지른다. 우리는 이 두 가지 잘못을 모두 경계해야 한다. 따라서 이런 유혹이 특히 복음전도와 관련해 나타나는 경우를 면밀히 검토해 볼 필요가 있다.

첫째, 인간의 책임만을 전적으로 강조하려는 유혹이다. 앞서 말한 대로 인간의 책임은 매우 엄숙한 현실이다. 창조주 하나님께 대한 인간의 책임은 삶의 근본적 사실이다. 이는 아무리 진지하게 생각해도 결코 지나치지 않다.

하나님은 우리를 책임 있는 도덕적 존재로 만드셨다. 그분은 우리를 그런 존재로 대우하신다. 하나님의 말씀은 우리 각자에게 개별적으로 전달되며, 그에 대한 반응은 우리가 감당해야 할 몫이다. 즉 말씀에 관심을 기울이든 기울이지 않든, 말씀을 믿든 믿지 않든, 말씀에 순종하든 순종하지 않든 모두 우리의 책임이다. 하나님의 계시에 어떻게 반응하든 우리는 그에 대한 책임을 회피할 수 없다. 하나님의 법 아래에서 살아가는 우리는 그분 앞에서 우리의 삶을 책임져야 한다.

그리스도를 믿지 않는 사람은 하나님의 법을 어긴 행위에 대해 책임져야 하는 죄인이다. 죄인이 복음을 필요로 하는 이유가 여기에 있다. 복음을 듣고 어떤 결정을 내리든 그 책임은 인간에게 있다. 인간은 복음 앞에서 삶과 죽음, 둘 중에 하나를 선택해야 한다. 그것은 인간에게 주어진 가장 중요한 선택이다.

비신자는 복음을 들을 때 자신의 반응이 얼마나 중요한지를 온전히 이해하지 못한 채 문제의 핵심을 회피하며 복음을 거부하는 자신을 스스로 정당화하는 경우가 많다. 따라서 우리는 활용할 수 있는 합법적 수단을 모두 동원해 선택의 중대성을 인식시키는 한편, 참으로 엄숙한 문제를 무책임하게 다루지 말라고 권고해야 한다. 죄인들에게 복음의 약속과 초청을 전하고 그리스도를 믿으라고 권유할 때는 은혜의 좋은 소식에 대해 어떻게 반응하든 그 책임은 전적으로 그들 자신에게 있다는 사실을 강조하고 또 강조해야 한다. 이 사실은 아무리 강조해도 지나치지 않다.

아울러 우리에게는 복음을 전해야 할 책임이 있다. 그리스도께서는 제자들에게 "가서 모든 민족을 제자로 삼으라"(마 28:19 참조)고 명령하셨다. 제자들은 모든 신자를 대신하는 대표자의 자격을 지닌다. 따라서 그리스도의 명령은 제자들뿐 아니라 교회 전체에 해당된다. 복음전도는 모든 신앙 공동체와 신자들의 양도할 수 없는 책임이다.

우리는 복음을 널리 전하라는 명령을 받았기 때문에 적극적인 계획과 온갖 지혜를 동원해 세상에 복음을 전해야 한다. 신자는 항상 자신의 양심을 향해 "복음전도의 의무를 성실히 수행하고 있는가?"를 물어야 한다. 왜냐하면 이는 우리가 회피해서는 안 될 책임이기 때문이다.

따라서 우리는 인간의 책임이라는 진리를 반드시 고려해야 한다. 이는 복음을 전하는 사람이나 듣는 사람 모두에게 지대한 영향을 미치는 문제다.

하지만 그렇다고 해서 하나님의 주권에 대한 생각을 도외시해서는 안 된다. 구원을 선포하는 것이 우리의 책임임을 항상 의식해야 하지만 그렇다고 구원을 베푸시는 분이 하나님이심을 망각해서는 곤란하다. 사람들을 이끌어 복음을 듣게 하시는 분은 하나님이시고, 그들에게 그리스도를 믿는 믿음을 주시는 분도 하나님이시다. 우리의 복음전도 사역은 하나님이 그러한 목적을 이루기 위해 사용하시는 수단이다. 구원을 주는 능력은 수단에 있지 않다. 그 능력은 수단을 사용하시는 하나님의 손 안에 있다. 우리는 이 사실을 잠시도 잊어서는 안 된다.

복음이 전파될 때 결과를 만들어내는 것이 하나님의 고유한 특권이라는 사실을 잊는다면 그 결과까지도 우리의 책임으로 받아들일 가능성이 높다. 즉 오직 하나님만이 믿음을 주실 수 있다는 사실을 잊는다면 사람들의 회심이 우리에게 달려 있으며, 복음을 전하는 방식이 모든 것을 결정짓는 가장 중요한 요인이라는 착각에 빠지기 쉽다. 그러다 보면 결국 그릇된 길로 치우칠 수밖에 없다.

그런 실수를 범하지 않도록 조심하자. 그리스도를 전하는 데 그치지 않고 회심을 끌어내는 일까지 우리의 몫으로 간주하면 (즉 복음을 성실히 전할 뿐 아니라 성공적으로 전해야 한다고 생각하면) 복음전도의 접근방식이 실용적이고 타산적으로 이루어질 공산이 크다.

우리는 개인전도나 대중설교에 적용되는 기법이 이중 목표를 지향해야 한다고 생각할 때가 많다. 다시 말해 우리는 복음의 의미와 적용은 물론 긍정적인 반응을 이끌어낼 수 있는 확실한 기법을 올바로 파악해야 한다고 믿는다. 따라서 그런 기법을 시도하고 발전시키려고 노력한다. 뿐만 아니라 "전파된 메시지"와 "나타난 결과"라는 두 가지 판단 기준을 적용해 우리 자신은 물론 다른 사람들의 복음전도를 평가하려 든다. 우리의 노력이 결실을 맺지 못하면 기법을 개선해야 한다고 결론짓고, 결실을 맺으면 우리가 사용한 기법의 정당성을 입증하는 증거로 삼는다.

우리는 복음전도를 우리 자신과 복음을 듣는 상대방 사이에서 벌어지는 의지의 싸움으로 간주할 때가 많다. 그런 경우 싸움의 승패는 우리가 미리 계산한 효과를 얼마나 충분히 이끌어내느냐에 달려 있다. 그런 식의 복음전도는 사실 세뇌교육이나 다름없다. 복음전도와 세뇌교육의 유사성이 사실이라고 간주될 경우에는 그런 방식이 온당한 복음전도가 될 수 없다고 애써 주장할 필요가 없다. (로이드 존스는 『회심, 심리적인 것인가, 영적인 것인가?』에서 윌리엄 사강의 논제를 논박하며 회심의 심리학적 해석의 오류를 비판했다.) 왜냐하면 회심을 이끌어내는 것이 우리의 책임이라면 오직 그런 방식만이 온당한 복음전도가 될 수 있기 때문이다.

하나님의 주권을 의식하지 않는 경우에는 그런 오류에 빠질 수밖에 없다. 공격적인 복음전도를 시도하는 것이 우리의 책임이라는 생각은 옳다. 비신자들이 회심하기를 간절히 바라는 것도 옳고, 복음을 가능한 한 확실하게 강권해야 한다는 생각도 옳다. 회심하는 사람들이 얼마 없기를 바라고, 그리스도를 전하는 우리의 전도 방식이 효과를 발휘하든 발휘하지 않든 아무 관심도 없다면 그것은 우리에게 무엇인가 문제가 있다는 증거다.

하지만 하나님이 요구하시는 것 이상의 일까지 우리의 책임으로 받아들이는 것은 잘못이다. 회심을 이끌어내는 것을 우리의 책임으로 간주해 우리의 계획과 기법으로 오직 하나님만이 하실 수 있는 일을 이루려고 하는 것은 잘못이다. 그런 태도는 성령의 역할을 빼앗고 우리 스스로를 중생의 대리인으로 삼는 것이다.

그런 오류를 범하지 않으려면 하나님의 주권을 옳게 이해해 그분의 사역을 위해 우리가 기도하고 계획하고 일하는 방식을 적절히 조절해 나가야 한다. 하나님을 의식적으로 의지하지 않으면 반드시 우리 자신을 의지하게 된다. 우리 자신을 의지하는 것은 복음전도에 큰 폐해를 일으킨다. 영혼들의 회심이 하나님의 주권에 의해 이루어진다는 사실을 망각한다면 그런 결과를 피할 수 없다.

둘째, 하나님의 주권만을 전적으로 강조하려는 유혹이다. 오로지 하나님의 주권만을 생각하는 그리스도인들이 있다. 그들은 이 진리를 매우 소중하게 생각한다. 하나님의 주권에 대한 생각은 그들에게 엄청난 계시의 힘으로 갑작스레 다가온다. 그들은 그로 인해 자신들의 인생에 코페르니쿠스적인 전환이 일어났다고 말한다. 하나님의 주권은 그들의 우주관에서 중심을 차지한다.

이전에는 인간이 우주의 중심을 차지했고 하나님은 주변에 머무셨다. 그들은 하나님을 우주의 창시자가 아니라 방관자로 간주했다. 하나님의 계획이 아니라 인간의 행위가 모든 상황을 통제하는 핵심 요인이라고 생각했다. 그들에 따르면 그들 자신에게나 하나님께나 인간의 행복이야말로 가장 중요하고 흥미로운 관심사였다.

하지만 그들은 이제 그런 인간 중심의 가치관이 성경의 가르침에 어긋나는 죄악이라는 사실을 발견했다. 그들은 성경의 목적이 인간중심주의를 뒤집어엎는 것이라고 믿는다. 신명기, 이사야서, 요한복음, 로마서 등은 도처에서 인간중심주의를 사정없이 질타한다. 그런 이유로 그들은 이제부터는 하나님이 온 세상의 중심이 되시듯 자신들의 생각과 관심에서도 중심을 차지하셔야 한다고 믿는다.

그들은 유명한 『웨스트민스터 소요리문답』의 첫 번째 질문에 대한 답("인간의 주된 목적은 하나님을 영화롭게 하고 그분을 영원히 즐거워하는 것이다")에 진심으로 동의한다. 그들은 하나님이 약속하신 행복을 발견하는 길은 행복 자체를 목적으로 삼지 않고, 날마다 오로지 하나님의 영광을 구하고, 그분의 뜻을 행하며, 일상생활에서 겪는 온갖 성공과 실패와 긴장 속에서 그분의 능력을 드러내는 일에 전념하는 것이라고 믿는다. 그들은 지금부터 영원토록 오직 하나님의 영광과 찬양을 추구하는 데 몰두한다. 그들의 존재 목적은 마음과 목숨을 다해 하나님을 예배하고 찬양하는 데 있다.

따라서 그들은 어떤 상황에 처하든지 "어떻게 해야 하나님께 가장 큰 영광을 돌릴 수 있을까? 이 상황에서 하나님을 영화롭게 하려면 어떻게 해야 할까?"라는 질문을 떠올린다.

그러면서 그들은 하나님이 자신의 목적을 이루시기 위해 비록 사람을 도구로 사용하시지만 궁극적으로 인간에게 의존하시는 것은 아무것도 없다고 생각한다. 하나님께 모든 것이 달려 있다. 하나님은 자신의 종들이 사역을 시작하기 전에 모든 상황을 섭리하신다. 또한 계속해서 상황을 통제하시면서 그들이 행하는 사역을 통해 자신의 목적을 수행하신다. 그들의 개인적인 성공은 물론 실패와 오류까지도 하나님의 목적에 이바지한다.

따라서 그들은 하나님이 친히 자신의 뜻을 이루어나가실 것이기 때문에 웃사처럼 하나님의 언약궤가 어떻게 될까봐 두려워할 필요가 없다고 생각한다(삼하 6:6-7 참조, 웃사는 민수기 4장 15절의 금지조항을 어겼다). 하나님이 항상 모든 것을 통제하시기 때문에 하나님이 정하신 방법대로 섬긴다면 그분의 뜻이 좌절되거나 방해받는 상황은 절대 없을 것이라는 게 그들의 생각이다. 그들은 그런 생각 외에는 모두 하나님의 지혜와 주권을 부인하는 결과를 낳는다고 믿는다.

그들에 따르면 그리스도인은 단 한순간도 자신이 하나님께 반드시 필요한 존재라고 생각하거나 마치 그런 것처럼 행동해서는 안 된다. 우리를 보내신 분이 하나님이시고 우리와 함께 일하기를 기뻐하시는 분도 하나님이시기 때문에 그분은 우리가 없어도 얼마든지 자신의 뜻을 이루실 수 있다. 따라서 우리는 하나님이 맡겨주신 일을 수행하는 데 기꺼이 모든 것을 바칠 준비가 되어 있어야 한다.

또한 하나님이 우리를 제쳐두고 다른 사람을 도구로 사용하신다고 해서 교회가 돌이킬 수 없는 피해를 입게 될 것이라는 생각도 버려야 한다. 어떤 순간에도 '내가 없거나 내가 하는 일이 없다면 하나님의 목적은 이루어질 수 없을 거야' 라고 생각해서는 곤란하다. 그렇게 생각할 만한 이유는 어디에도 없다. 하나님의 주권을 이해한 사람은 이 모든 것을 깊이 명심하고 하나님을 위해 무슨 일을 하든지 스스로를 드러내지 않으려고 노력한다.

이처럼 그들은 스스로의 가치를 축소함으로써 위대하신 하나님이 모든 것을 다스리신다는 신념을 드러낼 뿐 아니라 자신의 사역의 열매가 자기 자신이 아니라 전적으로 하나님께 의존한다는 것을 십분 인정하는 태도를 행동으로 보여준다.

이러한 그들은 첫째 유혹과 정반대의 유혹에 치우치기 쉽다. 하나님을 영화롭게 하려는 열정에 사로잡혀 하나님이 주권적으로 은혜를 베푸신다는 사실만 인정하고 그들 스스로의 노력이 그분께 꼭 필요하다는 생각은 거부함으로써 교회가 짊어져야 할 복음전도의 의무를 도외시한다. 그들은 다음과 같은 이유를 내세운다.

"죄가 세상에 관영하는 것은 사실이야. 하지만 우리가 행동을 자제해야만 하나님이 모든 것을 새롭게 하시어 그분께 더 큰 영광이 돌아갈 수 있어. 우리가 해야 할 가장 중요한 일은 하나님께 주도권을 내어드리는 거야."

그들은 그룹이나 개인을 통해 이루어지는 모든 복음전도의 노력이 마치 인간을 높이는 것과 같다고 의심한다. 또한 인간이 하나님보다 앞서 행동할까봐 두려워하며 그런 가능성을 경계하는 것보다 더 시급한 것은 없다고 생각한다.

아마도 오래전 윌리엄 캐리가 선교회의 설립을 제안했을 때 당시 성직자 공제회 의장이 피력했던 견해가 이런 사고방식을 보여주는 대표적 사례인 듯하다. 그는 이렇게 말했다.

"젊은 분들, 가만히 계십시오. 하나님이 이방인들을 회개로 이끄실 뜻이라면 여러분이나 저의 도움이 없이도 능히 그렇게 하실 것입니다."

그는 인간이 먼저 나서서 모든 민족을 그리스도의 제자로 삼으려는 노력은 부적절하고 주제넘은 일이라고 생각했다.

하지만 그를 섣불리 비난하지 말라. 그는 이해력이 없는 사람이 아니었다. 그는 최소한 구원을 베푸시는 분이 하나님이시라는 사실, 곧 하나님이 인간의 명령을 받들지 않고 그 기쁘신 뜻대로 사람들을 구원하신다는 사실을 인정했다. 또한 그는 '우리의 도움이 없으면 하나님은 아무것도 하실 수 없다'는 생각을 추호도 가져서는 안 된다는 점을 일깨워주었다. 한마디로 그는 하나님의 주권을 진지하게 받아들였다.

그에게 잘못이 있다면 교회가 감당해야 할 복음전도의 의무를 진지하게 받아들이지 않은 것이다. 다시 말해 그는 "하나님이 자신의 종들을 보내시어 복음을 전하게 하심으로써 사람들을 구원하신다"는 사실과 "교회는 바로 그러한 목적을 수행하기 위해 세상에 존재한다"는 사실을 망각했다.

우리도 이러한 사실을 잊어서는 안 된다. 그리스도의 명령은 "적극적인 계획과 온갖 지혜를 동원해 복음을 가능한 한 모든 사람에게 전하라"는 뜻을 담고 있다. 복음전도에 무관심한 채 아무 노력도 기울이지 않는다면 어떤 변명도 용납될 수 없다. 하나님의 주권 교리를 전도 명령의 긴급성, 즉시성, 우선순위, 절대성을 축소시키는 방편으로 삼아서는 안 된다. 이는 그 교리를 오용하는 것이다. 계시된 진리는 그 무엇이든 죄를 변명하는 빌미로 삼아서는 안 된다. 하나님이 주권적 통치의 진리를 계시하신 이유는 전도 명령을 무시하는 변명거리를 제공하시기 위함이 아니다.

달란트 비유(마 25:14-30 참조)에 보면 "착하고 충성된 종"들이

등장한다. 그들은 적극적이고 합법적으로 계획을 세워 위탁된 재산을 증식해 주인을 이롭게 한 사람들이다. 달란트를 땅에 묻어놓고 그대로 보관하는 것 외에는 아무 노력도 기울이지 않은 종은 스스로를 매우 착하고 충성된 종으로 생각했다. 하지만 주인은 그를 악하고 게으르고 무익하다고 엄히 꾸짖었다.

그리스도께서 활용하라고 주신 것은 반드시 활용해야 한다. 감추어 보관하는 것만으로는 충분하지 않다. 우리는 이 원리를 복음전도에도 똑같이 적용해야 한다. 하나님이 구원의 진리를 우리에게 알려주신 이유는 단지 그것을 보존하는 데 그치지 말고(물론 우리는 구원의 진리를 소중히 보존해야 한다) 널리 전하게 하시기 위해서다.

등불을 말 아래 숨겨두어서는 안 된다. 등불의 목적은 빛을 비추는 것이다. 등불이 빛을 비추게 하는 것이 우리의 임무다. 주님은 "너희는 세상의 빛이라"(마 5:14)고 말씀하셨다. 따라서 능력껏 열심히 복음전도에 헌신하지 않는 사람은 예수 그리스도의 착하고 충성된 종이 될 수 없다.

서로 대척을 이루는 두 가지 함정이다. 둘 다 편견에서 비롯한 오류다. 마치 한쪽 눈으로만 바라보는 형국이다. 모두 인간의 책임과 하나님의 주권이라는 성경의 이율배반을 옳게 받아들이는 데 실패했다. 두 가지 진리를 서로 맞세우거나, 하나만 생각하고 다른 하나는 무시해서는 안 된다. 하나의 잘못된 극단에서 또 하나의 잘못된 극단으로 치우쳐서도 곤란하다. 그럴 경우에는 처음보다 나중이 더 못한 결과를 낳는다.

그러면 어떻게 해야 할까? 우리는 한쪽으로 치우치지 말고 좁은 길을 따라 나가야 한다. 바꾸어 말해 양극단을 피해야 한다. 그렇게 하기 위해서는 두 가지 진리를 온 마음을 다해 굳게 믿고 항상 우리의 삶을 인도하고 다스리는 길잡이로 삼아야 한다.

우리는 이 점을 명심하고 앞으로 나가야 한다. 즉 성경이 제시하는 대로 두 가지 진리를 모두 진지하게 받아들여야 한다. 성경은 둘을 서로 맞세우지 않는다. 우리는 하나를 위해 다른 하나를 수정하거나 축소시켜서는 안 된다. 성경은 가장 강력하고 확실한 표현을 사용해 두 가지 진리를 두 가지 궁극적 현실로 나란히 내세운다. 우리도 그런 입장을 취해야 한다.

찰스 스펄전은 "두 가지 진리를 어떻게 조화시킬 수 있습니까?"라는 질문을 받고 이렇게 대답했다.

"저는 조화를 시도하지 않겠습니다. 저는 두 친구를 화해시킬 생각이 없습니다."

그렇다. 친구다. 우리는 이 말의 요점을 놓쳐서는 안 된다. 성경에서 하나님의 주권과 인간의 책임은 서로 적이 아니다. 서로 불편한 이웃이 아니고, 서로 끊임없는 냉전 상태를 유지하고 있지도 않다. 둘은 친구로서 함께 협력한다.

복음전도를 다루는 다음 장의 논의가 이 점을 더욱 분명히 하는 데 도움이 되기를 바란다.

3장
복음전도란 무엇인가?

복음전도의 성공 여부는 회심을 이끌어냈느냐 이끌어내지 못했느냐 하는 문제에 달려 있지 않다. 일평생 무슬림을 상대로 복음을 전했지만 단 한 사람의 회심자도 얻지 못한 선교사들이 있다. 과연 그러한 결과를 근거로 그들이 복음을 전하지 않았다고 말할 수 있을까? 또 복음적이지 않은 설교자들의 말을 듣고 올바른 회심에 이른 사람들도 있다. 그런 경우 그들 설교자가 복음을 전했다고 말할 수 있을까? 두 경우 모두 대답은 "아니요"이다. 복음전도의 결과는 사람들의 바람이나 의도가 아니라 전능하신 하나님의 뜻에 달려 있다.

이 장에서는 그리스도인이 감당해야 할 복음전도의 의무에 관해 네 가지 질문("복음전도는 무엇인가?", "복음전도의 메시지는 무엇인가?", "복음전도의 동기는 무엇인가?", "어떤 수단과 방법으로 복음을 전할 것인가?")을 제시하고 그에 대한 답을 성경에서 각각 찾아보도록 하겠다.

복음전도는 무엇인가?

복음적인 그리스도인들은 이 문제를 논의하는 데 시간을 허비할 필요가 없다고 생각하곤 한다. 그들은 항상 복음전도의 지상명령을 중요시하기 때문에 복음전도의 정의에 대해 온전한 합의가 이루어질 것이라고 생각한다. 하지만 그렇지 못한 탓에 오늘날 복음전도에 관한 논의를 둘러싸고 많은 혼란이 빚어지고 있다. 혼란의 원인을 묘사하는 데는 다음 한 문장이면 충분하다. 즉 전달된 메시지가 아니라 청중의 마음에서 산출된 효과를 바탕으로 복음전도를 정의하려는 고집스런 습관이 만연해 있기 때문이다.

예를 들어 1918년 교회의 복음전도 사역에 관한 보고서에서 대주교 위원회가 제시한 복음전도의 정의를 살펴보면 이 사실을 구체적으로 확인할 수 있다. 그 내용은 다음과 같다.

"복음전도란 성령의 능력으로 그리스도 예수를 제시해 그분을 통해 하나님을 믿게 하고, 그분을 구원자로 영접하게 하며, 교회의 교통 안에서 그분을 왕으로 섬기게 하는 것을 의미한다."

이 선언은 여러모로 훌륭한 정의다. 복음전도의 목표와 목적을 옳게 설정하는 한편 그릇되고 부적절한 개념들을 일소했다.

첫째, 이 선언은 복음전도가 특정한 메시지를 전하는 것이라는 점을 지적한다. 이 선언에 의하면 복음전도는 하나님의 존재나 도덕법에 관한 일반 진리를 선언하는 것이 아니라 타락한 인류를 구원하시기 위해 역사상의 특별한 시점에 인간이 되신 하나님의 아들 예수 그리스도를 제시하는 것이다. 아울러 복음전도는 단지 예수님의 가르침과 모본, 또는 그분이 이루신 구원 사역에 관한 진리만을 전달하는 것이 아니라 그리스도 예수를 살아 계신 주님이시자 왕으로 제시하는 것이다.

그와 동시에 이 선언은 십자가의 구원 사역을 배제한 채 예수님을 단지 조력자나 친구로 제시하지도 않는다. 예수님이 그리스도, 곧 하나님의 기름 부으신 종으로서 그분이 정하신 대제사장과 왕의 직임을 수행하셨다고 진술한다.

인성을 지니신 그리스도 예수께서는 하나님과 사람 사이에 한 분이신 중보자이시며(딤전 2:5 참조), 우리를 하나님 앞으로 인도하기 위해 죄를 위해 죽으셨다(벧전 3:18 참조). 인간은 "내가 곧 길이요 진리요 생명이니 나로 말미암지 않고는 아버지께로 올 자가 없느니라"(요 14:6)는 예수님의 주장대로 오직 주님을 통해서만 하나님을 믿을 수 있다.

예수님은 죄인을 구원하려고 세상에 임하셨고(딤전 1:15 참조), 우리를 위하여 저주를 받은 바 되사 율법의 저주에서 우리를 속량하신 구원자, 곧 장래의 노하심에서 우리를 건지신 분이시다(갈 3:13 참조). 또한 "이를 위하여 그리스도께서 죽었다가 다시 살아나셨으니 곧 죽은 자와 산 자의 주가 되려 하심이라"(롬 14:9)는 말씀대로 그분은 왕이시다.

이런 메시지를 전하지 않는 것은 복음전도라고 할 수 없다.

둘째, 이 선언은 복음전도가 그런 메시지를 구체적으로 적용하는 것이라고 정의한다. 즉 그리스도 예수를 객관적인 연구 대상으로 삼아 비교하고 비판하는 것은 복음전도가 아니다. 이 선언에 의하면 복음전도는 그리스도 예수와 그분의 사역을 타락한 인류, 곧 하나님을 아버지로 모시지 않는 탓에 재판관이신 그분의 진노 아래 놓인 인류에게 제시하는 것이다. 복음전도는 죄인들에게 그리스도 예수를 구원자로 영접할 것과 그분 없이는 영원히 멸망할 수밖에 없다는 사실을 일깨워주는 데 초점을 맞춘다.

이 밖에도 복음전도는 사람들에게 그리스도를 주님으로 섬기라고 요구한다. 즉 복음전도의 목적은 교회의 교통 안에서 그리스도를 왕으로 섬기게 하는 데 있다. 교회란 하나님을 예배하고, 그분을 증언하고, 세상에서 그분을 위해 일하는 신앙 공동체를 의미한다.

다시 말해 복음전도는 믿을 뿐 아니라 돌이키라고 촉구한다. 복음전도는 하나님의 초청을 받아들이는 데 그치지 말고 죄를 뉘우쳐 회개할 것을 요구한다.

이런 구체적인 적용이 이루어지지 않은 것은 복음전도라고 할 수 없다.

지금까지 살펴본 대로 대주교 위원회의 정의는 여러 가지 중요한 요지를 간과하지 않았다. 하지만 이 정의에는 한 가지 근본적인 오류가 있다. 즉 이 정의는 마지막에 결과를 나타내는 부사절을 사용하고 있다.

"복음전도란 성령의 능력으로 그리스도 예수를 제시해 그분을 통해 하나님을 믿게 하고"라는 표현은 겉으로는 아무 문제가 없어 보이지만 사실은 그렇지 않다. 이는 "복음전도를 통해 그리스도 예수를 제시함으로써 사람들이 성령의 능력으로 하나님을 믿게 하는"과 같은 뜻이다. 즉 이 선언은 사람들의 삶 속에 나타나는 효과에 중점을 두어 복음전도를 정의하고 있다. 이는 복음전도의 본질이 사람들의 회심을 이끌어내는 데 있다는 뜻이다.

앞서 지적한 대로 이런 정의는 옳지 않다. 복음전도는 인간의 몫이고, 믿음을 주시는 것은 하나님의 몫이다. 물론 복음전도자라면 누구나 회심을 이끌어내는 것을 목표로 삼는다. 대주교 위원회의 정의는 복음전도자가 자신의 사역을 통해 이루고자 하는 목표를 정확히 설명한다.

　그러나 복음전도의 성공 여부는 회심을 이끌어냈느냐 이끌어내지 못했느냐 하는 문제에 달려 있지 않다. 일평생 무슬림을 상대로 복음을 전했지만 단 한 사람의 회심자도 얻지 못한 선교사들이 있다. 과연 그러한 결과를 근거로 그들이 복음을 전하지 않았다고 말할 수 있을까? 또 복음적이지 않은 설교자들의 말을 듣고 올바른 회심에 이른 사람들도 있다. 그런 경우 그들 설교자가 복음을 전했다고 말할 수 있을까? 두 경우 모두 대답은 "아니요"이다. 복음전도의 결과는 사람들의 바람이나 의도가 아니라 전능하신 하나님의 뜻에 달려 있다.

　물론 그리스도를 전하더라도 결과에는 냉담해야 한다는 뜻에서 이런 말을 하는 것은 아니다. 결과가 나타나지 않을 때는 기도로 하나님께 그 이유를 여쭈어야 한다. 내가 말하려는 요점은 복음전도를 성취의 관점에서 정의해서는 안 된다는 것이다.

　그러면 복음전도를 어떻게 정의해야 할까? 신약 성경의 대답은 매우 간단하다. 신약 성경에 따르면 복음전도는 말 그대로 복음, 즉 좋은 소식을 전하는 것이다. 신자가 하나님의 대변자가 되어 은혜의 메시지를 죄인들에게 전하는 것, 그것이 곧 복음전도다. 모임의 규모가 크든 작든, 강단에서든 사석에서든, 그 어떤 상황에서든 은혜의 메시지를 충실히 전했다면 복음전도가 이루어졌다고 말할 수 있다.

물론 복음전도는 창조주 하나님께 타락한 인간을 돌이키시어 그리스도를 믿게 해달라는 호소에서 정점을 이루기 때문에 그 안에 회개를 촉구하는 내용이 자연스레 포함된다. 따라서 앞서 말한 대로 사람들의 회심을 간절히 원하지 않는다면 복음을 올바로 전했다고 말할 수 없다. 그렇지만 나타난 결과만을 보고 복음전도의 성공 여부를 평가하는 것은 명백한 잘못이다. 복음의 메시지를 충실히 전했다면 그것으로 복음전도가 이루어졌다고 봐야 한다.

신약 성경이 복음전도를 어떻게 정의하는지 알려면 바울 사도가 자신의 전도 사역을 어떻게 이해하고 있는지를 살펴보면 된다. 그의 복음전도는 다음과 같은 특성을 지녔다.

그리스도의 대변자

사도 바울은 주 예수 그리스도의 대변자로 임명되어 복음을 전했다. 복음전도는 그에게 특별히 위탁된 과업이었다.

"그리스도께서 나를 보내심은…복음을 전하게 하려 하심이로되"(고전 1:17).

여기에서 바울이 스스로를 복음전도의 임무를 맡은 자로 바라보았음을 알 수 있다.

첫째, 바울은 자신을 그리스도의 "청지기"로 간주했다. 그는 고린도 신자들에게 "사람이 마땅히 우리[바울과 그의 동역자 아볼로]를 그리스도의 일꾼이요 하나님의 비밀을 맡은 자로 여길지어다"(고전 4:1)라고 말했다. 고린도전서 9장 17절에서는 "이것[복음전도]을 행하면…나는 사명을 받았노라"고 말했다. 그는 자신을 신약 성경 시대에 한 가족을 섬겼던 청지기처럼 주인의 높은 신뢰를 받는 종복으로 간주했다. "오직 하나님께 옳게 여기심을 입어 복음을 위탁받았으니"(살전 2:4)라는 말씀이 이 점을 분명히 보여준다(딤전 1:11 이하; 딛 1:3 참조).

청지기라면 마땅히 그래야 하듯 주인이신 하나님의 신뢰에 충실히 보답하는 것이 그의 책임이었다(고전 4:2 참조). 그의 임무는 자신에게 위탁된 귀중한 진리를 수호하고 주님의 명령에 따라 복음을 전하는 것이었다. 그는 나중에 디모데에게도 그 임무에 충실하라고 권했다(딤전 6:20; 딤후 1:13 이하 참조). 그는 하나님의 청지기로서 복음전도의 사명을 위탁받은 사실을 고린도 신자들에게 이렇게 설명했다.

> "내가 복음을 전할지라도 자랑할 것이 없음은 내가 부득불 할 일임이라 만일 복음을 전하지 아니하면 내게 화가 있을 것이로다"
>
> (고전 9:16; 행 20:20, 26 이하; 고후 5:10 이하; 겔 3:16 이하, 33:7 이하 참조).

이처럼 청지기 개념은 복음전도에 대한 바울의 임무를 적절히 묘사한다.

둘째, 바울은 자신을 그리스도의 "사자"로 간주했다. 그는 자신을 복음의 선포자로 묘사하면서(딤후 1:11; 딤전 2:7 참조) "케룩스"라는 명사를 사용했다. 이는 다른 사람을 대신해 중요한 소식을 공표하는 사람을 가리킨다. "우리는 십자가에 못 박힌 그리스도를 전하니"(고전 1:23)라는 말씀에서는 "케루소"라는 동사를 사용했다. 이는 알려야 할 소식을 널리 공표하는 것이 곧 사자의 임무라는 점을 암시한다.

바울은 "내 전도함"(고전 2:4), "우리가 전파하는 것"(고전 15:14) 등과 같은 표현을 사용했으며, 세상의 지혜로는 하나님을 알 수 없다며 "하나님께서 전도의 미련한 것으로 믿는 자들을 구원하시기를 기뻐하셨도다"(고전 1:21)라고 말했다. 여기에서 "전도"라는 명사는 "케리그마"이다. 이는 선포하는 활동이 아니라 선포된 사실, 즉 선포 자체이자 선포된 메시지를 의미한다.

바울은 자신을 철학자나 도덕주의자, 또는 세상의 현인 가운데 한 사람이 아니라 그리스도의 사자로 평가했다. 그의 왕이신 주님은 그에게 선포해야 할 메시지를 주셨다. 따라서 그의 임무는 아무것도 더하거나 빼거나 수정하지 않고 충실하게 메시지를 전달하는 것이었다. 그는 인간의 기발한 사상 가운데 하나, 곧 사람들의 인기를 끄는 학식으로 아름답게 치장된 사상을 전하는 것이 아니라 하나님께로부터 오는 말씀, 곧 그리스도의 권위 아래 그분의 이름으로 선포되며, 확신을 주시는 성령의 능력으로 청중에게 진리로 입증되는 말씀을 전해야 했다.

바울은 고린도 신자들에게 "하나님의 증거를 전할 때에"(고전 2:1) 자신의 생각이 아니라 하나님의 메시지를 전했다고 말했다. 그는 "예수 그리스도와 그가 십자가에 못 박히신 것 외에는 아무것도 알지 아니하기로 작정"(고전 2:2)했다. 왜냐하면 그것이 하나님이 그를 보내시어 전하게 하신 진리였기 때문이다. 바울은 이렇게 덧붙였다.

"내 말과 내 전도함이 설득력 있는 지혜의 말로 하지 아니하고 다만 성령의 나타나심과 능력으로 하여 너희 믿음이 사람의 지혜에 있지 아니하고 다만 하나님의 능력에 있게 하려 하였노라"
(고전 2:4-5).

이처럼 사자의 개념은 바울이 전한 복음의 진정성을 드러낸다.

셋째, 바울은 자신을 그리스도의 "대사"로 간주했다. 대사란 한 나라의 통치자의 권한을 위임받은 대표자를 말한다. 그는 자신의 이름이 아니라 자신이 대표하는 통치자의 이름으로 말한다. 그의 임무와 책임은 파견되어 간 나라의 사람들에게 통치자의 의도를 충실히 전달하는 것이다.

바울은 대사라는 표현을 두 차례 사용했는데, 모두 복음전도 사역과 관련되었다. 그는 감옥에서 에베소 신자들에게 "나를 위하여 구할 것은 내게 말씀을 주사 나로 입을 열어 복음의 비밀을 담대히 알리게 하옵소서 할 것이니"(엡 6:19)라고 기도를 당부한 뒤에 "이 일을 위하여 내가 쇠사슬에 매인 사신이 된 것은 나로 이 일에 당연히 할 말을 담대히 하게 하려 하심이라"(엡 6:20)고 덧붙였다.

바울이 자신을 대사로 일컬은 이유는 복음의 진리와 약속을 선포하고, 죄인들에게 그리스도께서 갈보리에서 이루신 속죄 사역을 받아들이라고 권하는 것이 곧 세상에 그분의 메시지를 전하는 것이라는 사실을 알았기 때문이다.

이처럼 대사의 개념은 바울이 주님을 대표하는 권위를 지녔다는 사실을 드러낸다.

바울은 복음전도의 임무를 수행하는 데 있어 스스로를 주 예수 그리스도의 종이자 청지기로, 대변인이자 사자로, 대표자이자 대사로 간주했다. 이것이 그가 사람들의 냉담한 반응과 조소에 굴하지 않고 담대히 복음을 전하는 한편 자신의 메시지를 상황에 맞게 바꾸는 것을 단호히 거부했던 이유다. 그는 자신이 그리스도의 권위로 말한다는 점을 분명히 의식했기에 자신에게 주어진 말씀을 더하거나 빼지 않았다(갈 1:8 이하 참조). 그는 그리스도께서 부탁하신 복음을 전할 때면 그분이 임명하신 대표자로서 말했다. 따라서 권위 있게 메시지를 전했고, 말씀에 귀를 기울이라고 주장할 수 있었다.

복음을 전하고 제자를 양성하는 일은 사도들에게만 국한되지 않는다. 또 복음전도는 성직자들만의 독점 사역도 아니다. 복음전도는 온 교회가 힘써 행해야 할 의무이자 각각의 신자들이 감당해야 할 책임이다. 하나님의 백성은 빌립보 신자들처럼 "세상에서 그들 가운데 빛들로"(빌 2:15) 나타내기 위해 이 땅에 보내심을 받았다.

모든 신자에게는 그리스도의 복음을 알려야 할 임무가 하나님으로부터 주어졌다. 복음의 메시지를 동료 인간에게 전하는 신자는 하나님의 대사요 대표자로서 주어진 임무를 수행한다. 이것이 교회와 신자에게 위탁된 복음전도의 임무이자 권위다.

복음의 진리를 가르치는 자

바울의 복음전도에서 발견되는 두 번째 특성은 첫 번째 특성에서 자연스레 비롯한다. 그의 주된 임무는 주 예수 그리스도에 관한 진리를 전하는 것이었다. 그리스도의 대사로서 바울이 감당해야 했던 가장 중요한 임무는 그의 주인이신 그리스도께서 전하라고 위탁하신 메시지를 이해시키는 것이었다.

"그리스도께서 나를 보내심은…복음을 전하게 하려 하심이로되"(고전 1:17).

여기에서 사용된 헬라어는 "유앙겔리조마이"로서 복음, 곧 좋은 소식을 공표한다는 의미를 갖고 있다. 바울의 복음은 좋은 소식이었다. 그는 하나님으로부터 온 좋은 소식이 세상에 임했다고 선언했다. 복음은 유대인이든 이방인이든 세상의 모든 사람들이 기대하거나 추측할 수는 없지만 실제로는 절실히 필요로 하는 것이다.

신약 성경이 증언하듯 복음은 "하나님의 말씀"(행 4:31, 8:14, 11:1, 13:46; 고후 2:17; 골 1:25; 살전 2:13; 딤후 2:9)이다. 바울은 종종 복음을 "진리"(고후 4:2; 갈 2:5, 14; 살후 2:10 이하; 딤후 2:18, 25, 3:8)로 일컬었다. 복음은 죄인을 구원하기 위해 하나님이 이루셨고, 또 앞으로 이루실 일을 온전히, 최종적으로 드러낸다. 복음은 하나님께 등 돌린 세상에서 활동하는 영적 생명이다.

바울이 선포한 복음의 내용은 무엇인가? 그것은 나사렛 예수에 관한 좋은 소식이다. 성자 예수님의 성육신과 속죄 사역과 그분의 나라(곧 그분의 탄생, 십자가, 면류관)에 관한 소식이 곧 복음이다. 복음은 하나님이 그리스도를 세상이 오랫동안 기다려온 "임금과 구주"(행 5:31)로 삼으심으로써 어떻게 "그의 종 예수를 영화롭게"(행 3:13) 하셨는지를 보여준다. 하나님이 어떻게 자신의 아들을 인간이 되게 하셨고, 인간이 되신 그분을 제사장이자 선지자요 왕으로 세우셨는지가 복음이다.

그리스도께서는 제사장으로서 죄를 위해 희생하셨고, 선지자로서 백성에게 하나님의 계명을 전하셨으며, 왕으로서 온 세상을 다스리셨다. 하나님은 그리스도로 하여금 구약 성경이 증언하는 여호와와 동등한 특권을 누리게 하셨다. 다시 말해 하나님은 그리스도 앞에 무릎을 꿇고 그분의 이름을 부르는 사람들 모두가 구원받을 때까지 세상을 다스리는 권한을 부여하셨다.

간단히 말해 복음의 좋은 소식이란 하나님이 자신의 아들을 죄인들을 위한 구원자로 높이 세우심으로써 그분을 영화롭게 하려는 영원한 의도를 실행에 옮기신 것을 의미한다.

바울은 그런 복음을 전하라고 보내심을 받았다. 복음대로 살려면, 즉 복음을 삶에 적용하려면 먼저 그 내용을 숙지하고 이해해야 한다. 그러기 위해서는 복음을 가르치는 과정이 필요하다. 따라서 바울은 복음의 전도자는 물론 교사가 되어야 했다. 그는 이 일을 소명의 일부로 생각했다.

"내가 이 복음을 위하여 선포자와 사도와 교사로 세우심을 입었노라" (딤후 1:11).

가르치는 것은 사도 바울의 전도 사역에 있어서 근본 요소에 해당했다. 그는 또한 다음과 같이 말했다.

"우리가 그를 전파하여…모든 지혜로 각 사람을 가르침은"(골 1:28).

인용한 성경 구절 두 곳 모두 가르치는 사역과 복음전도를 하나로 묶고 있다. 이는 복음전도자가 가르침을 통해 주어진 사역을 이루어나간다는 의미를 내포한다. 따라서 복음을 가르치는 것이 바울의 첫 번째 임무였다.

복음을 가르친다는 것은 다소 복잡한 듯 보이는 복음을 가장 단순한 원리로 나누어 그 요점을 하나씩 분석하고, 긍정적인 정의와 부정적인 정의를 이용해 그 의미를 명확히 드러내고, 복음의 각 부분이 다른 부분과 어떻게 연결되는지 설명하고, 청중이 확실하게 이해할 때까지 계속 노력을 기울이는 것을 의미한다.

따라서 바울은 회당에서든 길거리에서든, 즉 공식적으로든 비공식적으로든 유대인들과 이방인들에게 복음을 선포할 때면 항상 가르치는 사역에 충실했다. 그는 사람들의 관심을 일깨우고, 흥미를 북돋우고, 사실들을 진술하고, 그 의미를 설명하고, 어려운 점을 해결하고, 반론에 대답하고, 복음이 삶과 어떤 관련을 맺고 있는지 보여주었다.

누가는 바울의 전도 사역을 묘사하면서 "변론하니"(행 9:29),

"강론하며"("디알레고마이", 행 17:2, 18:4, 19:8 이하, 24:25 참조), "가르치니라"(행 18:11, 28:31 참조), "권면하니라"(행 18:4, 19:8, 26, 28:23, 26:28 참조)와 같은 표현을 사용했다.

> "나에게 이 은혜를 주신 것은 측량할 수 없는 그리스도의 풍성함을 이방인에게 전하게 하시고…비밀의 경륜이 어떠한 것을 드러내게 하려 하심이라"(엡 3:8-9).

이 말씀에서 알 수 있듯이 바울은 이방인들에게 복음을 전하는 사역을 무엇보다 가르치는 사역으로 인식했다. 바울에 따르면 복음의 교사로서 그가 행해야 할 첫 번째 기본 의무는 지식을 전하는 것, 곧 복음의 진리를 청중에게 납득시키는 것이었다. 그는 진리를 가르치는 것을 복음전도의 기본 활동으로 간주했다. 따라서 바울에게 있어서 올바른 복음전도의 방법은 가르침이었다.

세상에 파견된 영혼의 목자

바울은 청중의 마음을 돌이켜 그리스도를 믿게 하는 것을 복음전도의 궁극적인 목적으로 삼았다.

"회심"을 뜻하는 헬라어 "에피스트레포"는 종종 "돌이키다"로 번역된다. 물론 회심은 하나님의 사역이다. 하지만 흥미롭게도 신약 성경 가운데 주어를 하나님이 아니라 복음전도자로 삼아 "에피스트레포"를 타동사로 사용하고 있는 곳이 세 군데 발견된다.

천사는 세례 요한을 가리켜 "이스라엘 자손을 주 곧 그들의 하나님께로 많이 돌아오게 하겠음이라"(눅 1:16)고 말했다. 야고보는 "내 형제들아 너희 중에 미혹되어 진리를 떠난 자를 누가 돌아서게 하면…죄인을 미혹된 길에서 돌아서게 하는 자가 그의 영혼을 사망에서 구원할 것이며"(약 5:19-20)라고 말했다.

또한 바울은 아그립바에게 그리스도의 현현을 체험했던 사건을 진술할 때 "내가 너를 구원하여 그들에게 보내어 그 눈을 뜨게 하여 어둠에서 빛으로, 사탄의 권세에서 하나님께로 돌아오게 하고"(행 26:17-18)라고 말한 뒤 그 하늘의 명령에 따라 유대인들과 이방인들에게 "회개하고 하나님께로 돌아와서 회개에 합당한 일을 하라"(행 26:20)고 복음을 전했다고 증언했다.

이들 말씀은 사람들의 회심을 복음전도자의 사역으로 간주하고 있다. 즉 복음전도자의 과제는 사람들에게 하나님께로 돌아와 죄를 뉘우치고 믿음을 가지라고 가르치는 것이다. 성경은 회심과 구원이 하나님의 백성이 행해야 할 과제라고 말하면서도 실제로 사람들에게 회심과 구원의 은혜를 베푸시는 분은 하나님이시라는 사실을 분명히 한다. 따라서 이들 말씀은 다른 사람들의 회심과 구원이 신자의 목표가 되어야 한다는 뜻에 불과하다.

설교자는 청중의 회심을 위해 노력해야 하고, 아내는 믿지 않는 남편을 구원하기 위해 애써야 한다(고전 7:16 참조). 신자는 다른 사람들을 회심시키기 위해 보내심을 받았다. 따라서 세상에 파견된 그리스도의 사자로서 사람들의 회심에 깊은 관심을 기울여야 한다.

복음전도는 가르치고, 교육하고, 지식을 전달하는 데 그치지 않는다. 복음전도는 그 이상의 목표를 지향한다. 다시 말해 복음전도에는 가르친 진리에 대한 반응을 이끌어내려는 노력이 포함된다. 복음을 가르치는 목적은 회심에 있다. 단순한 정보를 제공하는 데 머무는 것이 아니라 구원으로의 초대가 뒤따라야 한다. 한마디로 복음전도는 그리스도를 위해 사람들을 얻고, 구원하고, 취하려는 시도다(고전 9:19 이하; 벧전 3:1; 눅 5:10 참조). 주님은 복음전도를 어부의 일에 빗대셨다(마 4:19, 13:47 참조).

바울은 우리의 모본이다. 그는 그리스도께서 자신을 보내신 목적이 복음을 가르침으로써 사람들의 생각을 일깨우고, 진리를 삶에 적용하도록 권고함으로써 그들로 하여금 하나님께로 돌이키게 하는 것임을 알았다. 따라서 그는 단지 진리를 전하는 것에 그치지 않고 죄인들을 구원하는 것을 목적으로 삼았다.

"아무쪼록 몇 사람이라도 구원하고자 함이니"(고전 9:22; 롬 11:14 참조).

바울의 복음전도는 다음과 같이 가르침과 권면으로 구성되었다.

"하나님께서 그리스도 안에 계시사 세상을 자기와 화목하게 하시며"(고후 5:19).
"그리스도를 대신하여 간청하노니 너희는 하나님과 화목하라"(고후 5:20).

바울은 자신에게 위탁된 복음을 전하고 보존하는 것은 물론 복음을 필요로 하는 타락한 인류를 구원으로 인도해야 하는 책임이 있었다(롬 1:13 이하 참조). 그리스도의 사도인 바울은 진리의 교사이자 세상에 파견된 영혼의 목자였다. 그런 그는 단지 죄인들을 가르치는 데 그치지 않고 그들을 진정으로 사랑했다.

사도이기 이전에 신자였던 그는 그리스도인으로서 이웃을 사랑해야 할 의무가 있었다. 따라서 가용한 모든 수단을 동원해 어떤 상황에서든 다른 사람들의 유익을 구해야 했다. 이런 점에서 복음을 전하고 교회를 세워야 하는 그의 사도적 소명은 "이웃에게 사랑의 법을 실천하라"는 그리스도의 부르심에 대한 매우 특별한 방법이었다고 이해할 수 있다.

바울은 이웃을 경시하며 "믿든지 말든지 마음대로 하시오"라는 식으로 오만하고 냉담하게 복음을 전하지 않았다. 진리에 충실해야 한다는 사실을 내세워 이웃에 관한 무관심을 변명하지 않았다. 그런 태도는 사랑과 거리가 멀다. 그의 임무는 사랑으로 진리를 가르치는 것이었다. 진리의 가르침은 청중을 구원으로 인도하고자 하는 그의 바람을 담아낸 표현이자 도구였다. 다음의 말씀은 바울이 어떤 태도로 복음전도에 임했는지를 잘 보여준다.

> "내가 구하는 것은 너희의 재물이 아니요 오직 너희니라…내가 너희 영혼을 위하여 크게 기뻐하므로…내 자신까지도 내어주리니"(고후 12:14-15).

우리도 바울과 같은 태도로 복음을 전해야 한다. 이웃에 대한 사랑은 복음전도를 요구한다. 복음을 전하는 것은 "그리스도를 위해 다른 사람을 사랑하라"는 명령을 구체적으로 실천하는 일이다.

바울은 사랑이 있었기에 따뜻하고 다정한 태도로 복음을 전할 수 있었다. 그는 데살로니가 신자들에게 이렇게 말했다.

> "우리가 이같이 너희를 사모하여 하나님의 복음뿐 아니라 우리의 목숨까지도 너희에게 주기를 기뻐함은 너희가 우리의 사랑하는 자 됨이라"(살전 2:8).

바울이 사려 깊은 마음으로 모든 상황에 잘 적응할 수 있었던 이유는 사랑이 있었기 때문이다. 물론 그는 사람을 기쁘게 할 요량으로 복음의 진리를 제멋대로 바꾸는 일에 대해서는 단호히 거부했다(갈 1:10; 고후 2:17; 살전 2:4 참조). 하지만 사람들의 회심을 방해하는 불필요한 어려움을 자초하거나 그들의 심기를 건드리는 일은 일체 하지 않았다. 그는 고린도 신자들에게 이렇게 말했다.

> "내가 모든 사람에게서 자유로우나 스스로 모든 사람에게 종이 된 것은 더 많은 사람을 얻고자 함이라 유대인들에게 내가 유대인과 같이 된 것은 유대인들을 얻고자 함이요 율법 아래에 있는 자들

에게는 내가 율법 아래에 있지 아니하나 율법 아래에 있는 자같이 된 것은 율법 아래에 있는 자들을 얻고자 함이요…내가…율법 없는 자와 같이 된 것은 율법 없는 자들을 얻고자 함이라 약한 자들에게 내가 약한 자와 같이 된 것은 약한 자들을 얻고자 함이요 내가 여러 사람에게 여러 모습이 된 것은 아무쪼록 몇 사람이라도 구원하고자 함이니"(고전 9:19-22).

바울은 사람들을 구원하고 싶어 했다. 그가 단순히 사람들에게 진리를 제시하는 것으로 만족하지 않고 전심으로 그들을 돕고, 그들의 처지를 이해하며, 그들이 이해할 수 있는 말로 복음을 가르치고, 무엇보다도 복음에 대한 편견을 심어주어 그들을 실족하게 할 수 있는 것은 무엇이든 피하려고 노력했던 이유는 그들을 구원으로 인도하려는 마음이 간절했기 때문이다. 그는 진리를 수호해야 한다는 열정에 사로잡힌 탓에 사람들의 필요와 요구를 등한시하는 잘못을 범하지 않았다.

복음을 전하는 그의 목적은 영혼을 구원하는 것이었다. 바울의 그런 태도는 온갖 반론이 제기되어 거친 논쟁이 벌어지는 상황에서도 조금도 변하지 않았다. 그는 오직 자신이 이웃으로 생각하는 사람들이 죄를 회개하고 주 예수 그리스도를 믿는 믿음을 받아들이게 하는 데 집중했다.

  바울은 그런 식으로 복음을 전했다. 다시 말해 그리스도의 사자로서 세상에 나가 사랑으로 죄인들의 회심과 구원을 위해 복음의 진리를 가르치는 것이 그가 이해하는 복음전도였다. 따라서 우리도 그런 목적을 가지고 사랑하는 마음으로 복음을 전했다면 비록 방법은 다소 서투르더라도 충실한 복음전도가 이루어졌다고 말할 수 있다.

  앞서 복음전도를 너무 폭넓게 정의하면 그릇된 사고에 젖어 사람들의 회심을 우리의 책임으로 받아들이는 잘못을 범할 수 있다고 지적했다. 이번에는 그와 반대되는 또 하나의 잘못을 잠시 살펴보기로 하자. 이는 복음전도를 너무 좁게 정의하는 데서 비롯한다. 예를 들어 전도 집회와 같이 특별한 형태의 집회를 근거로 복음전도를 정의하는 것이 여기에 해당한다.

  전도를 목적으로 하는 집회에서는 간증이 끝난 후 열심히 찬양을 부르고, 마지막에 손을 들어 올리거나 일어서거나 강단 앞으로 걸어 나가는 등의 행위를 요구하여 그것을 그리스도를 영접했다는 표징으로 삼는 경우가 많다. 교회의 복음전도 의무를 그런 집회를 개최하는 것과 동일시하거나, 신자의 복음전도 의무를 그런 집회에 비신자들을 데려오는 것과 동일시할 경우 우리는 심각한 잘못을 저지를 수 있다. 그 이유를 설명하면 다음과 같다.

첫째, 비신자들을 전도 집회에 데려오는 것 외에도 그들에게 복음을 제시할 수 있는 방법이 얼마든지 있기 때문이다. 개인전도를 예로 들 수 있다. 그와 같은 방식으로 안드레는 베드로를 인도했고, 빌립은 나다나엘을, 바울은 오네시모를 구원으로 인도했다(요 1:40 이하, 43 이하; 몬 10절 참조). 또한 가정 모임과 그룹 성경공부도 복음전도의 방법이 될 수 있다. 무엇보다도 각 교회마다 매주 드리는 예배를 통해 복음을 전할 수 있다. 주일 설교가 성경에 충실하는 한 예배는 복음전도의 중요한 통로가 될 수 있다.

복음전도를 위한 설교가 그 나름대로 특별한 형태와 특성을 지닌다고 생각하는 것은 잘못이다. 성경적인 설교는 무엇이든 복음전도를 위한 설교가 될 수 있다. 성경을 성경적으로 전하기만 하면 자연스레 복음전도가 이루어진다. 참된 설교란 성경의 내용을 옳게 해석하고 적용하는 설교를 말한다. 성경의 가르침에는 인간의 구원을 위한 하나님의 모든 계획과 행사가 담겨 있다. 모든 성경은 제각기 나름대로 그리스도를 증언한다. 성경의 주제는 모두 그리스도와 관련된다. 참된 설교는 어떤 형태로든 반드시 그리스도를 선포하기 마련이다. 따라서 그런 설교는 자연히 복음전도의 성격을 띨 수밖에 없다.

물론 특별히 범위를 좁혀 전적으로 죄인의 회심을 촉구하는 데 초점을 맞춘 설교 말씀을 전할 수도 있다. 하지만 성경이 제시하는 대로 그리스도를 전하는 설교, 곧 하나님과 죄인의 관계에서 발생하는 모든 문제에 대한 성경의 답변을 충실히 전하는 설교를 한다면 항상 복음을 전하는 효과를 얻을 수 있다. 로버트 볼턴은 이렇게 말했다.

> "주 예수 그리스도께서는 안식일에든, 말씀을 전하실 때든, 어느 누구든 예외로 생각하지 않으시고 직접적으로든 간접적으로든 항상 자유롭게 복음을 전하셨다."[2]

성경을 성경적으로 가르치면 복음전도가 자연스레 이루어질 수밖에 없다. 교회의 사역이든 개인의 사역이든 볼턴의 원리가 적용되지 않으면 심각한 잘못이 초래될 수 있다. 교회에서 이루어지는 전도 집회와 전도 설교를 일반적인 경우와 구별하여 특별하게 생각한다면 이는 주일 예배를 모욕하는 것이다. 복음전도라는 근본 사역이 교회의 일반적인 예배 시간 외에 특별히 마련된 집회를 통해 이루어진다고 생각하는 것은 주일 예배가 무엇인지 전혀 알지 못하는 소치다.

둘째, 특별한 전도 집회를 개최하거나 그런 모임에 참여하지 않더라도 앞서 언급한 개인 전도, 가정 모임, 정기 예배 등을 통해 복음전도에 헌신하는 교회와 신자들이 많기 때문이다. 신자의 복음전도 의무를 그런 집회를 열고 지원하는 것과 동일시할 경우 그런 집회를 열지 않는 교회는 복음전도에 아무 기여도 하지 않는다는 그릇된 결론에 도달하기 쉽다. 그것은 런던에 살지 않으면 영국 사람이 아니라고 주장하는 것과 비슷하다. 신약 성경에 거론조차 되지 않은 집회에 참석하지 않는다는 이유로 복음전도에 무관심하다고 비판하는 것은 참으로 이상하다. 그런 논리라면 신약 성경 시대에는 복음전도가 전혀 이루어지지 않았다는 말인가?

셋째, 집회나 예배가 단지 간증, 찬양, 결신 초청의 요소를 포함하고 있다는 이유만으로 복음전도를 위한 모임이라고 말할 수는 없기 때문이다. 이는 줄무늬 바지와 중산모를 걸쳤다고 해서 반드시 영국 사람이라고 할 수는 없는 이치와 같다. 어떤 예배가 복음전도를 위한 예배인지 아닌지는 결신 초청의 여부가 아니라 선포된 진리의 내용에 달려 있다. 청중의 마음을 움직여 결신 초청을 받아들이게 할 요량으로 복음의 내용을 그들의 구미에 맞게 변경시킬 경우 과연 그 집회를 복음전도를 위한 집회라고 말할 수 있는지 매우 의심스럽다.

이런 말을 하는 이유는 논쟁의 불을 붙이기 위해서가 아니라 명확한 사고를 촉구하기 위해서다. 나는 전도 집회나 성회를 경시할 의도가 전혀 없다. 단지 특별한 전도 집회가 따로 있는 것이 아니라는 말을 하고자 할 뿐이다. 그런 생각은 세속주의가 도처에 판을 치고 있는 현대 사회를 생각하면 참으로 어리석기 그지없다. 굳이 전도 집회가 아니더라도 복음전도는 다른 형태로도 얼마든지 이루어질 수 있다. 어떤 상황에서는 다른 형태의 복음전도가 필요하다.

만일 하나님이 과거에 전도 집회를 사용하셨다면 그것을 현재와 미래를 위한 유일한 복음전도 방법으로 받아들여야 한다는 생각이 다소 설득력을 지닐지도 모른다. 하지만 그렇지 않다. 그런 집회가 없어도 복음전도는 이루어진다. 전도 집회는 복음전도의 유일한 방법이 아니다. 어느 곳에서든, 어떤 방법을 통해서든 회심을 목적으로 하는 전도 사역이 이루어졌다면 복음을 전했다고 평가할 수 있다. 복음전도는 전도 집회와 같은 제도적 차원이 아니라 신학적 차원, 즉 무엇을, 무슨 목적으로 가르쳤느냐는 관점에서 정의되어야 한다.

이제 여러 형태의 복음전도의 가치를 평가하는 데 길잡이가 되는 원리들과 신자의 복음전도 의무가 우리에게 무엇을 요구하는지에 대해 자세히 살펴보기로 하자.

복음전도의 메시지는 무엇인가?

이 문제는 가능한 한 간단히 다룰 생각이다. 한마디로 복음전도의 메시지는 십자가에 못 박히신 그리스도의 복음이다. 인간의 죄와 하나님의 은혜, 인간의 죄책과 하나님의 용서, 성령의 사역을 통해 이루어지는 중생과 새 생명 등이 복음의 내용을 이룬다. 복음전도의 메시지는 크게 네 가지로 구성된다.

하나님에 관한 메시지

복음은 하나님에 관한 메시지다. 복음은 하나님의 신분과 속성과 기준을 비롯해 그분이 피조물인 우리에게 무엇을 요구하시는지를 보여준다. 복음은 우리의 존재가 하나님께 의존해 있다고 말한다. 하나님은 항상 우리를 감찰하신다. 좋을 때든 나쁠 때든 우리의 운명은 언제나 그분의 손 안에 있다. 우리가 지으심을 받은 목적은 하나님을 섬기고 예배하기 위해서다. 그분을 찬양하고 그분의 영광을 위해 사는 것이 우리의 존재 목적이다. 이런 진리는 성경적 신앙의 근간을 이룬다. 이 진리를 이해해야만 비로소 복음의 나머지 진리가 설득력을 지니기 시작한다. 복음 전도는 인간이 창조주 하나님을 항상, 온전히 의지하고 있다는 주장에서부터 출발한다.

이 점에 관해서도 바울로부터 교훈을 얻을 수 있다. 그는 비시디아 안디옥에서 유대인들에게 복음을 전할 때 인간이 하나님의 피조물이라는 사실을 언급할 필요가 없었다(행 13:16 이하 참조). 그는 이 사실을 당연시했다. 왜냐하면 청중이 구약 성경을 믿는 믿음을 가지고 있었기 때문이다. 따라서 그는 곧바로 그리스도께서 구약의 희망을 이루신 분이시라고 선언했다.

하지만 바울은 구약 성경을 모르는 이방인들에게 복음을 전할 때는 한 걸음 뒤로 물러나 처음부터 시작했다. 하나님이 창조주이시고 인간은 피조물이라는 교리를 먼저 설명했다. 아덴 사람들이 그에게 예수와 부활에 관한 말이 무슨 뜻이냐고 묻자 그는 먼저 창조주 하나님을 언급하며 그분이 인간을 창조하신 목적을 밝혔다.

"하나님께서는…만민에게 생명과 호흡과 만물을 친히 주시는 이심이라…인류의 모든 족속을…온 땅에 살게 하시고…이는 사람으로 혹 하나님을 더듬어 찾아 발견하게 하려 하심이로되"
(행 17:24-27).

이 말씀을 바울이 나중에 거부했던 철학 사상의 일종으로 이해하는 사람들도 있지만 유신론적 신앙의 기본 진리를 진술하는 내용으로 이해하는 것이 옳다.

복음은 피조물인 인간이 하나님께 전적으로 의존해 있으며, 하나님은 창조주로서 인간에 대해 절대권을 행사하실 수 있다는 가르침에서부터 출발한다. 이 사실을 이해해야만 비로소 죄가 무엇인지 알 수 있고, 죄가 무엇인지 알아야만 복음의 좋은 소식을 이해할 수 있다. 하나님을 창조주로 받아들이는 것이 무슨 의미인지를 이해해야만 그분을 구원자로 받아들이는 것이 무슨 의미인지를 알 수 있다. 이러한 예비지식이 어느 정도 습득되지 못한 상태에서는 죄와 구원을 언급해 봤자 아무 소용이 없다.

죄에 관한 메시지

복음은 죄에 관한 메시지다. 복음은 우리가 하나님의 기준에 미치지 못하게 된 이유를 설명한다. 복음은 우리가 죄를 지어 더러워졌고, 죄 가운데 빠져 아무 소망이 없는 상태로 전락했으며,

그로 인해 하나님의 진노 아래 놓이게 되었다고 말한다. 우리가 죄를 짓고 사는 이유는 우리가 본질상 죄인이기 때문이다. 우리의 행위나 노력으로는 우리를 바르게 교정하거나 하나님의 은혜를 얻을 수 없다.

복음은 하나님의 관점에서 우리를 바라보게 해주고, 그분의 생각으로 우리를 생각하게 해준다. 그렇게 되면 우리는 절망을 느낄 수밖에 없다. 이는 필요한 과정이다. 하나님과의 관계를 올바로 개선해야 하는데 우리의 힘으로는 그렇게 할 수 없다는 사실을 깨달아야만 우리를 죄에서 구원하시는 그리스도를 받아들일 수 있다.

여기에 함정이 있다. 사람들의 삶에는 저마다 불만족과 수치를 불러일으키는 요인이 존재하기 마련이다. 모든 사람이 양심의 가책을 느낄 만한 과거를 지니고 있다. 누구나 스스로 세운 기준에 미치지 못하거나 다른 사람들의 기대를 저버리는 행위를 저지르며 살아가기 때문이다. 우리의 복음전도는 그런 일들을 상기시켜 사람들을 불안하게 만든 뒤 하나님과의 관계는 문제 삼지 않고 곧바로 그리스도를 그런 죄책감에서 구원하시는 분으로 묘사한다.

하지만 죄의 문제를 언급하면 그 문제는 저절로 뒤따르기 마련이다. 성경이 다루는 죄의 개념 자체가 하나님께 대한 반역을 뜻하기 때문이다. 인간과 하나님의 관계가 단절된 것은 바로 그 때문이다. 하나님의 거룩하심과 그분의 율법 안에서 우리의 결함을 바라보지 않으면 그것을 죄로 여기기가 어렵다. 왜냐하면 죄는 사회적 개념이 아니라 신학적 개념이기 때문이다. 물론 죄를 저지르는 장본인은 인간이고, 그런 죄는 대부분 사회적 범죄에 속한다. 하지만 죄를 인간이나 사회적 관점에서 정의하는 것은 잘못이다. 죄는 하나님의 관점에서 정의되어야만 그 본질을 명확하게 규명할 수 있다. 다시 말해 죄를 측정할 때는 인간의 기준이 아니라 우리의 삶에 대한 하나님의 요구 조건이라는 잣대를 적용해야 한다.

자연인이 느끼는 양심의 가책을 죄의 확신과 동일시하는 것은 옳지 않다. 따라서 스스로의 약점이나 과거에 저지른 비행을 생각하며 마음에 고통을 느낀다고 해서 자연스레 죄의 확신에 도달하는 것은 아니다. 삶의 요구를 충족시키지 못한 점이나 지난날의 실패나 잘못, 또는 자기 연민의 감정은 죄의 확신과는 무관하다. 그런 상태에 놓인 사람이 단지 마음을 안정시키거나 스스로를 격려하고 다시 자신감을 얻기 위해 주 예수 그리스도를 찾는 것은 구원 신앙이 아니다.

인간의 절실한 감정을 달래줄 요량으로 그리스도를 전하는 것("당신은 행복한가? 만족스러운가? 마음의 평화를 원하는가? 실패했다고 생각하는가? 자신이 실망스러운가? 친구를 원하는가? 그렇다면 그리스도께 나오라. 그분이 당신의 필요를 모두 충족시켜주실 것이다")에 만족하는 것은 참된 복음전도와 아무 상관이 없다. 그런 식의 복음전도는 그리스도를 마치 램프의 요정이나 뛰어난 심리치료사로 제시하는 데 그친다. 우리의 복음전도는 그런 차원에 머물러서는 안 된다.

죄에 관해 전하는 것은 자기 연민의 감정을 이용하는 것이 아니라(이는 세뇌교육자가 사용하는 술수에 해당한다) 사람들의 삶을 하나님의 거룩한 율법에 비추어보게 하는 것이다. 죄의 확신을 갖는 것은 '나는 완전한 실패작이야'라고 느끼는 것이 아니라 자신이 하나님을 거역하고 그분의 권위를 비웃었으며 그분께 반항함으로써 죄를 지었다는 사실을 깨닫는 것이다.

아울러 그리스도를 전하는 것은 그분의 십자가를 통해 하나님과의 관계를 다시 회복할 수 있다는 사실을 이해시키는 것이다. 그리스도를 믿는 것은 오직 그분을 통해서만 하나님과의 관계를 회복하고 다시 그분의 은혜를 받을 수 있다는 사실을 깨닫는 것이다.

물론 성경의 그리스도, 곧 우리를 죄에서 구원하시고 하나님 앞에서 우리의 중보자가 되시기 위해 자신을 내어주신 그리스도께서는 자신을 믿는 자들에게 평화와 기쁨과 도덕적인 능력을 허락하시고 서로 친구가 되는 특권을 내려주신다. 하지만 그리스도를 도움과 위로를 통해 인생의 불행을 달래주는 존재로만 부각시키는 것은 참되신 그리스도가 아니라 불완전하고 왜곡된 그리스도, 곧 날조된 그리스도를 전하는 것에 지나지 않는다. 우리가 제멋대로 생각해낸 그리스도를 전하면서 사람들이 참 구원에 이르기를 기대하는 것은 터무니없다.

따라서 우리는 자연인이 느끼는 양심의 가책과 비참한 심정을 죄의 확신과 동일시하지 않도록 주의해야 한다. 그렇지 않으면 죄인들에게 그들의 참된 실상을 깨닫게 하는 복음전도가 이루어질 수 없다. 즉 죄 때문에 하나님과의 관계가 단절되어 그분의 단죄와 적의와 분노를 살 수밖에 없는 상태로 전락했다는 사실을 깨닫게 하여 하나님과의 관계를 회복하는 것이 무엇보다 중요하다는 점을 일깨울 수 없다.

그렇다면 참된 죄의 확신을 자연인이 느끼는 양심의 가책이나 삶에 대한 혐오감으로부터 구분하는 특징은 무엇인가?

첫째, 죄의 확신은 본질적으로 하나님과의 관계가 잘못되었다는 사실을 의식하는 것이다. 다시 말해 이웃이나 양심, 또는 스스로 설정한 이상이 아니라 매 순간 인간의 호흡과 존재를 주장하시는 창조주 하나님께 대해 잘못을 저질렀다는 사실을 의식하는 것을 뜻한다. 죄의 확신을 무조건 필요 의식의 관점에서 정의하는 것은 잘못이다. 죄의 확신은 하나의 특별한 필요 의식, 곧 하나님과의 관계를 올바로 회복해야 한다는 의식을 말한다.

현재 상태를 유지하다가는 현재는 물론 미래에도 하나님의 거절과 보응과 진노만을 살 수밖에 없다는 자각이 곧 죄의 확신이다. 죄의 확신에 이른 사람은 더 이상 현재 상태에 머물기를 거부하고 어떤 희생이나 조건이 뒤따르든 상관없이 삶을 변화시켜야 한다는 강한 욕구를 느낀다.

죄의 확신은 하나님 앞에서 느끼는 죄책감에 근거한다. 간단히 말해 죄의 확신이란 하나님 앞에서 스스로의 더러움을 깨닫고, 그분께 반역을 저지른 탓에 그분과의 관계가 어긋나 소원해졌다는 사실을 발견하고, 자기 자신이나 다른 사람들이 아니라 그분과의 관계를 올바로 회복해야 한다는 욕구를 느끼는 것을 말한다.

둘째, 죄의 확신은 항상 구체적인 죄에 대한 확신을 동반한다. 하나님과 올바른 관계를 회복하려는 사람은 그분 앞에서 저지른 특정한 죄를 의식하고 그것을 버리려고 노력한다. 이사야는 입술로 범한 죄를 의식했고(사 6:5 참조), 삭개오는 남의 것을 강탈한 죄를 고백했다(눅 19:8 참조).

셋째, 죄의 확신은 항상 부패가 가득한 마음 상태를 의식한다. 이는 인간의 마음이 하나님이 보시기에 부패할 대로 부패한 나머지 에스겔이 언급한 "새 마음"(겔 36:26), 또는 주님이 언급하신 "거듭남"(도덕적 재생, 요 3:3 이하 참조)의 필요성을 절실히 의식하는 것을 의미한다.

다윗의 저작으로 알려진 시편 51편을 읽어보면 그가 밧세바와 불륜을 저지른 죄를 깊이 의식하고 있다는 것을 알 수 있다. 그는 자신이 저지른 특정한 죄(1-4절 참조)는 물론 자신의 부패한 본성(5-6절 참조)을 아울러 고백하면서 죄와 부패함에서 깨끗함을 받게 해달라고 호소했다(7-10절 참조). 어떤 사람이 죄의 확신에 이르렀는지를 가장 빨리 알 수 있는 방법은 시편 51편을 보여주면서 저자와 같은 심정을 느끼고 있는지를 확인하는 것이다.

그리스도에 관한 메시지

복음은 예수 그리스도에 관한 메시지다. 그리스도께서는 성육하신 하나님의 아들이시자 그분의 어린 양이시다. 그리스도께서는 죄를 짊어지고 죽으셨다가 부활하셨다. 그분은 완전한 구원자이시다.

그리스도에 관한 메시지를 전할 때는 두 가지를 명심해야 한다.

첫째, 그리스도의 인격을 그분의 구원 사역과 따로 분리해서는 안 된다. 그리스도에 관한 교리보다는 그분의 인격을 제시함으로써 죄인을 그리스도께 인도해야 한다는 주장이 이따금 제기된다. 물론 구원을 베푸시는 분은 살아 계신 그리스도이시다. 속죄의 교리는 제아무리 정통이라도 그리스도를 대신할 수 없다.

하지만 그런 주장에는 복음전도 설교에 교리에 대한 가르침이 필요하지 않다는 생각이 담겨 있다. 바꾸어 말해 온 땅을 두루 다니시며 착한 일을 행하셨던 갈릴리의 예수님을 생생하게 묘사하는 한편, 그분이 지금도 여전히 살아 계셔서 어려움에 처한 사람들을 도와주신다는 생각이다.

이는 복음으로 인정하기 어려운 메시지다. 사실 그런 메시지는 복음의 진리를 흐리는 수수께끼와 같은 말에 불과하다. 단지 "그 예수님은 과연 누구신가? 지금 그분은 어떤 위치를 차지하고 계신가?"와 같은 질문을 야기할 뿐 그 대답을 제시하지 않기 때문에 생각이 있는 청중을 혼란에 빠뜨릴 뿐이다.

성육신의 교리, 즉 예수님이 죄인을 구원하기 위해 성부 하나님의 영원한 목적에 따라 인간의 몸을 입고 세상에 오신 구주이시라는 사실을 이해하지 못하면 역사적 예수 그리스도의 정체를 도무지 알 수가 없다. 또 속죄의 교리, 즉 그리스도께서 인간으로 세상에 오시어 사람들을 구원하기 위해 죽으셨고, 인간의 법 아래에서 고난과 죽음을 당하신 것이 세상의 죄를 짊어지는 구원 행위였다는 교리를 알지 못하면 그분의 생애를 결코 알 수가 없다.

그리스도께 나아가고자 할 때는 그분의 부활과 승천과 하늘에서의 위치와 역할에 관한 교리, 즉 그분이 죽은 자 가운데서 살아나시어 왕으로서 보좌에 앉으시고 자신을 구주로 영접한 사람들을 끝까지 구원하신다는 교리를 이해해야 한다.

이들 교리는 복음의 근본 요소 가운데 일부다. 그런 교리가 포함되지 않은 것은 복음이 아니라 예수라는 이름을 가진 사람에 관한 수수께끼 같은 이야기에 불과하다. 따라서 그리스도에 관한 교리를 거부하고 그분의 인격만을 제시하는 것은 하나님이 하나 되게 하신 것을 둘로 나누는 행위에 지나지 않는다. 그런 복음전도는 철저히 왜곡된 것이다.

복음을 전할 때 이들 교리를 가르치는 목적은 주 예수 그리스도의 인격을 밝히 드러냄으로써 청중으로 하여금 그들이 영접해야 할 구원자의 신분과 정체를 깨닫게 하기 위해서다. 사회생활을 하면서 누군가를 소개할 때는 그 사람에 관한 사실과 그가 행한 일들을 언급하는 것이 보통이다. 이는 그의 신분과 정체를 알리기 위해서다. 그리스도의 복음을 전할 때도 마찬가지다. 신약 성경에서 알 수 있듯이 사도들은 그리스도를 전하기 위해 이들 교리를 가르쳤다. 간단히 말해 이들 교리를 가르치지 않으면 복음을 전했다고 말할 수 없다.

둘째, 그리스도의 구원 사역을 그분의 인격과 따로 분리해서는 안 된다. 복음전도자와 개인 사역자 가운데 이런 실수를 저지르는 사람들이 적지 않다. 그들은 죄인이 하나님의 영접을 받을 수 있는 유일하고도 충분한 조건이 그리스도의 속죄 사역임을 강조하기 위해 "그리스도께서 당신의 죄를 위해 죽으셨다는 사실을 믿으십시오"와 같은 말로 구원 신앙을 촉구한다. 이런 식의 복음전도는 과거에 구원 사역을 이루신 그리스도와 현재 그분의 인격을 분리시켜 오직 전자만을 신앙의 대상으로 내세운다.

하지만 구원 사역과 그 사역을 행하신 분을 따로 분리하는 것은 성경에 어긋난다. 신약 성경에는 그런 식으로 믿음을 가지라고 요구하는 구절이 어디에도 없다. 다만 그리스도의 인격을 신뢰하는 것이 믿음이라고 말씀한다. 우리는 죽음으로 죄를 속량하신 살아 계신 그리스도를 믿어야 한다. 엄격히 말해 구원 신앙의 대상은 속죄의 교리가 아니라 속죄를 이루신 주 예수 그리스도이시다.

복음을 선포할 때는 십자가와 구원 은혜를 그 십자가를 담당하신 그리스도와 결코 분리해서는 안 된다. 그리스도의 죽음에서 비롯하는 구원 은혜는 그분의 인격을 신뢰하는 사람에게 주어진다. 그는 곧 그리스도의 대속의 죽음이 아니라 그분의 살아계신 인격을 믿는 자다. 바울은 "주 예수를 믿으라 그리하면…구원을 받으리라"(행 16:31)고 말했고, 예수님도 "내게로 오라 내가 너희를 쉬게 하리라"(마 11:28)고 말씀하셨다.

이로써 한 가지 사실은 분명해진다. 요즘 일각에서 속죄의 범위를 둘러싸고 논쟁이 많다. 하지만 속죄의 범위는 복음전도의 내용과 아무 상관이 없다. 나는 이 문제를 여기에서 논할 생각이 없다. 이미 다른 곳에서 논의를 끝마쳤기 때문이다.[3]

지금 나는 그리스도께서 과거와 현재와 미래의 모든 사람을 구원하기 위해 죽으셨다는 것을 사실로 생각하는지 아닌지를 묻고 있는 것이 아니다. 또 이 문제에 대해 아직까지 확실하게 생각해 본 적이 없다면 지금 당장 생각을 분명히 정하라고 요구하는 것도 아니다. 나의 요점은 앞의 주장을 사실로 생각하더라도 그리스도의 복음을 전할 때만큼은 그런 주장이 사실이 아니라고 생각하는 사람들이 그리스도를 전할 때와 조금도 달라서는 안 된다는 것이다.

내가 말하려는 뜻은 이것이다. "그리스도께서는 여러분 모두를 위해 죽으셨습니다"라는 말이 검증될 수 없을 뿐 아니라 어쩌면 사실이 아닐 수도 있다고 생각하는 설교자는 복음전도 설교를 할 때 그런 말을 거론하지 않을 것이 분명하다. 예를 들어 조지 휘트필드나 찰스 스펄전의 설교에는 그런 말이 전혀 나오지 않는다.

나의 요점은 그런 말을 하는 설교자가 그것을 사실로 생각한다고 할지라도 복음전도 설교를 할 때 굳이 그 점을 밝힐 필요도 없고 이유도 없다는 것이다. 왜냐하면 앞서 논의한 대로 복음전도는 죄인들을 예수 그리스도, 곧 속죄의 희생을 치르신 덕분에 자신을 믿는 모든 사람을 용서하실 수 있는 구주께 나오라고 초청하는 것을 의미하기 때문이다. 복음을 전할 때 십자가를 거론하는 것은 그리스도의 죽음이 죄 사함을 받기 위한 근거라는 사실을 밝히는 데 그 목적이 있다. 오직 이 사실만을 언급하는 것으로 족하다. 복음을 전할 때 굳이 속죄의 범위까지 끄집어낼 필요는 없다.

사실 신약 성경은 "그리스도께서 바로 당신을 위해 죽으셨으니 죄를 회개하시오"라는 식으로 복음을 전하지 않는다. 신약 성경이 죄인에게 그리스도를 믿는 믿음을 촉구하는 근거는 단지 그들이 그분을 필요로 하는 상태이고, 그리스도께서 그들을 위해 자신을 내어주셨으며, 그리스도를 영접하는 자에게 그분이 이루신 속죄의 공로가 주어진다는 약속에 있다. 신약 성경에 포괄적이고 보편적인 요소가 있다면, 그것은 모두에게 주어지는 믿음의 초청과 믿는 자에게 구원이 약속되었다는 사실뿐이다(마 11:28 이하, 22:9; 눅 2:10 이하, 12:8; 요 1:12, 3:14 이하, 6:40, 54, 7:37, 11:26, 12:46; 행 2:21, 10:43, 13:39; 롬 1:16, 3:22, 9:33, 10:4 이하; 갈 3:22; 딛 2:11; 계 22:17; 사 55:1 참조).

  복음을 전할 때는 가능한 한 신약 성경이 강조하는 점을 그대로 전해야 한다. 신약 성경에서 벗어나거나, 그 견해를 왜곡하거나, 그 강조하는 바를 변경하는 것은 잘못이다. 제임스 데니의 말을 잠시 인용하면 다음과 같다.

"그리스도의 사역은 그것을 이루신 그분과 분리해서 생각할 수 없다. 신약 성경은 오직 살아 계신 그리스도를 전한다. 사도들의 복음전도는 살아 계신 그리스도를 사람들에게 전하는 데 초점을 맞추었다. 하지만 살아 계신 그리스도께서는 죽음을 경험하신 그리스도이시다. 그리스도를 그 죽으심이나 그 속죄의 능력과 따로 떼어 전해서는 안 된다. 사도적 메시지의 핵심은 죽음으로 죄를 속량하신 살아 계신 그리스도였다. …복음전도자의 임무는 십자가에 못 박히신 그리스도를 전하는 것이다."[4]

"그리스도께서 모든 사람의 죄를 위해 죽으셨습니다. 따라서 그분은 당신의 죄를 위해서도 목숨을 바치셨습니다"라거나 "그리스도께서는 특별한 사람들의 죄를 위해 죽으셨습니다. 따라서 당신의 죄는 혹시 해당되지 않을 수도 있습니다"라고 말하는 것은 복음전도가 아니다. 복음전도란 "죄를 짊어지고 죽으신 주 예수 그리스도를 믿으십시오. 그분을 당신의 구주로 영접하십시오"라고 말하는 것이다.

이것이 우리가 세상에 전해야 할 메시지다. 사람들에게 속죄의 범위에 관한 신학 이론을 믿으라고 권하는 것은 우리의 임무와 거리가 멀다. 우리는 사람들에게 살아 계신 그리스도를 전하고 그분을 믿으라고 권해야 한다.

존 웨슬리와 조지 휘트필드는 이 점을 이해했기 때문에 비록 속죄의 범위에 관해 엇갈린 견해를 내놓았지만 서로를 복음전도의 동역자로 받아들였다. 그 주제에 관한 그들의 견해는 복음전도에 포함되지 않는다. 둘 다 성경이 제시하는 대로 복음을 전하는 것에 만족했다. 다시 말해 그들은 죽음으로 죄를 속량하신 살아 계신 그리스도를 전했고, 그분을 죄인들에게 제시했으며, 그분께 나아가 생명을 얻으라고 권고했다.

믿음과 회개의 촉구에 관한 메시지

이런 논의는 복음의 메시지를 구성하는 네 번째 요소로 자연스레 이어진다. 즉 복음전도는 믿음과 회개를 촉구하는 것이다.

하나님은 복음을 듣는 모든 사람에게 회개와 믿음을 촉구하신다. 바울은 아덴 사람들에게 "하나님이…이제는 어디든지 사람에게 다 명하사 회개하라 하셨으니"(행 17:30)라고 말했다. 예수님은 "어떻게 하여야 하나님의 일을 하오리이까"(요 6:28)라고 묻는 사람들에게 "하나님께서 보내신 이를 믿는 것이 하나님의 일이니라"(요 6:29)고 대답하셨다. 요한일서 3장 23절도 "그의 계명은 이것이니 곧 그 아들 예수 그리스도의 이름을 믿고"라고 말씀한다.

믿음과 회개는 하나님이 명령하시는 의무다. 따라서 신약 성경은 회개를 거부하는 불신앙을 가장 극악한 죄로 부각시킨다(눅 13:3, 5; 살후 2:11 이하 참조). 앞서 말했듯이 하나님의 보편적인 명령과 그 명령에 복종하는 모든 사람에게 주어지는 구원의 보편적인 약속은 서로 밀접하게 관련된다. 성경은 이렇게 말씀한다.

> "그를 믿는 사람들이 다 그의 이름을 힘입어 죄 사함을 받는다 하였느니라"(행 10:43).
> "원하는 자는 값없이 생명수를 받으라"(계 22:17).
> "하나님이 세상을 이처럼 사랑하사 독생자를 주셨으니 이는 그를 믿는 자마다 멸망하지 않고 영생을 얻게 하려 하심이라"(요 3:16).

이 약속은 인류의 역사가 끝날 때까지 항상 유효하다.

믿음이 낙관적인 감정이 아니듯 회개 역시 후회나 자책감과는 거리가 멀다. 믿음과 회개는 전인적인 행동이다. 믿음은 단순한 신뢰를 뛰어넘는다. 믿음은 그리스도께서 죄인들에게 주신 자비의 약속과 그 약속을 주신 그리스도를 전적으로 의지하는 것이다. 이와 비슷하게 회개 역시 지난날에 대한 후회를 뛰어넘는다. 회개는 마음과 생각을 바꾸어 자아를 부인하고 구원자이신 주님을 왕으로 섬기는 새 삶을 사는 것을 의미한다. 신뢰가 없는 믿음과 변화가 없는 후회는 구원 신앙에 이를 수 없다.

"어떤 사람은 말하기를…나는 행함으로 내 믿음을 네게 보이리라 하리라 네가 하나님은 한 분이신 줄을 믿느냐 잘하는도다 귀신들도 믿고 떠느니라"(약 2:18-19).

"하나님의 뜻대로 하는 근심은 후회할 것이 없는 구원에 이르게 하는 회개를 이루는 것이요 세상 근심은 사망을 이루는 것이니라"(고후 7:10).

필요한 요점 두 가지를 더 언급하면 다음과 같다.

첫째, 회개는 물론 믿음을 필요로 한다. 죄에서 돌이키고, 나쁜 습관을 버리고, 그리스도의 가르침을 실천하기 위해 경건하게 살며, 다른 사람들에게 선을 행하겠다는 결심만으로는 충분하지 않다. 열망, 결심, 도덕성, 신앙심은 믿음을 대신할 수 없다. 마르틴 루터와 존 웨슬리도 참 믿음을 갖기 전에 그런 요소를 두루 갖추었다.

하지만 믿음을 가지려면 참 지식이 필요하다. 다시 말해 그리스도와 그분의 십자가와 그분의 약속을 알아야만 구원 신앙이 가능하다. 따라서 우리는 복음을 전할 때 이 점을 강조함으로써 스스로를 의지하려는 마음을 버리고 전적으로 그리스도와 그분의 거룩한 보혈을 믿어야만 하나님께 의롭다 함을 받을 수 있다는 사실을 일깨워주어야 한다. 이런 믿음이 아니면 참 믿음이 아니다.

둘째, 믿음은 물론 회개를 필요로 한다. 오직 그리스도와 그분의 죽으심을 믿어야만 하나님께 의롭다고 인정받을 수 있고, 자신이 지은 죄가 수십 번 심판을 받아 마땅하다고 생각하고, 그리스도께서 계시지 않으면 아무 희망이 없다는 사실을 믿는 것만으로는 충분하지 않다. 복음에 관한 지식과 정통 신앙은 회개를 대신할 수 없다.

하지만 회개를 하려면 참 지식이 필요하다. 구체적으로 말해 루터의 95개조 반박문의 첫 번째 조항에 기록된 내용을 알고 있어야 한다. 그는 이렇게 말했다.

> "우리의 주님이시요 주인이신 예수 그리스도께서 '회개하라'고 말씀하셨다. 그분은 신자의 삶 전체가 회개의 삶이 되어야 한다고 말씀하셨다."

이 외에도 회개가 무엇을 뜻하는지 알아야 한다. 그리스도께서는 회개가 과거의 삶을 완전히 청산하는 것이라는 사실을 의도적으로 거듭 강조하셨다. 그분의 말씀을 몇 구절 인용하면 다음과 같다.

> "나를 따라오려거든 자기를 부인하고 날마다 제 십자가를 지고 나를 따를 것이니라…누구든지 나를 위하여 제 목숨을 잃으면 구원하리라"(눅 9:23-24).
>
> "무릇 내게 오는 자가 자기 부모와 처자와 형제와 자매와 더욱이 자기 목숨까지 미워하지 아니하면[즉 그리스도 외에 다른 모든 것을 부차적으로 생각하지 않으면] 능히 내 제자가 되지 못하고"(눅 14:26).
>
> "너희 중의 누구든지 자기의 모든 소유를 버리지 아니하면 능히 내 제자가 되지 못하리라"(눅 14:33).

그리스도께서 요구하시는 회개는 그분이 우리의 삶을 어떻게 바꾸라고 명령하시든 아무 제한을 두지 않고 그대로 받들어 순종하는 것을 의미한다. 주님은 신자들이 그런 순종의 태도를 취할 때 얼마나 큰 희생이 뒤따르는지 잘 알고 계셨다. 따라서 항상 그들과 함께하겠다고 약속하시면서 제자가 되기 전에 먼저 그것을 진정으로 감당할 수 있는지를 잘 헤아려야 한다고 말씀하셨다. 예수님은 겉만 번지레한 제자를 원하지 않으셨다. 그분은 제자의 삶에 뒤따르는 어려움을 의식하는 순간 즉시 믿음을 저버릴 형식적인 신자들을 많이 모으는 데 관심을 기울이지 않으셨다.

따라서 우리는 그리스도의 복음을 전할 때 그분의 제자가 되는 데 뒤따르는 희생을 강조해야 한다. 값없이 주어지는 은혜를 받아들이라고 권하기 전에 제자직의 어려움을 먼저 생각하게 이끌어야 한다. 우리는 값없는 은혜가 모든 것을 희생하라고 요구할 수도 있다는 사실을 숨겨서는 안 된다. 그럴 경우 우리의 복음전도는 일순간의 믿음을 부추기는 술수에 불과할 뿐이다.

확실한 지식이 없으면 그리스도께서 무엇을 요구하시는지 옳게 이해할 수 없기 때문에 진정한 회심이 불가능하다. 그런 경우 당연히 구원도 이루어지지 않는다. 이것이 우리가 전해야 하는 복음전도의 메시지다.

복음전도의 동기는 무엇인가?

복음전도에 지속적으로 관심을 기울이려면 두 가지 동기가 필요하다. 첫째는 하나님을 사랑하고 그분의 영광을 구하려는 마음이고, 둘째는 이웃을 사랑하고 그의 행복을 구하려는 마음이다.

하나님 사랑

첫째 동기는 일차적이고 근본적이다. 인간의 주된 목적은 하나님을 영화롭게 하는 것이다. "무엇을 하든지 다 하나님의 영광을 위하여 하라"(고전 10:31)는 것이 성경이 가르치는 삶의 원칙이다. 하나님을 영화롭게 하는 방법은 그분의 말씀에 복종하고 성경에 계시된 그분의 뜻을 이루는 것이다.

"주 너의 하나님을 사랑하라"(마 22:37)는 것이 가장 크고 첫째 되는 계명이다. 우리는 하나님의 계명을 지킴으로써 우리를 극진히 사랑하시는 성부와 성자 하나님을 사랑할 수 있다. 예수님은 "나의 계명을 지키는 자라야 나를 사랑하는 자니"(요 14:21)라고 말씀하셨다. 요한도 "하나님을 사랑하는 것은 이것이니 우리가 그의 계명들을 지키는 것이라"(요일 5:3)고 말했다.

복음전도는 성부 하나님과 성자 하나님이 명령하신 일 가운데 하나다. 그리스도께서는 "이 천국 복음이 모든 민족에게 증언되기 위하여 온 세상에 전파되리니"(마 24:14; 막 13:10 참조)라고 말씀하셨다. 또한 승천하시기 직전에 제자들에게 "너희는 가서 모든 민족을 제자로 삼아"(마 28:19)라는 절대 명령을 하달하셨다. 아울러 그분은 "볼지어다 내가 세상 끝 날까지 너희와 항상 함께 있으리라"(마 28:20)는 포괄적인 약속을 덧붙이셨다.

이 약속의 포괄성은 그것이 뒷받침하는 전도 명령을 얼마나 크고 넓게 적용해야 하는지를 알려준다. 특히 "세상 끝 날까지"라는 문구는 여기에서 말하는 "너희"가 열한 제자에게 국한되지 않는다는 사실을 분명히 한다. 그리스도의 약속은 역사상 존재하는 모든 교회, 즉 열한 제자를 통해 설립되어 발전된 신앙 공동체 전체를 아우른다. 따라서 이 약속은 그들은 물론 우리에게도 고스란히 적용된다. 우리는 여기에서 무한한 위로를 발견하게 된다.

약속이 우리에게 적용된다면 그와 관련된 전도 명령 역시 우리에게 똑같이 적용된다. 열한 제자에게 약속이 주어진 이유는 그리스도께서 요구하시는 세계 복음화라는 막중하고도 방대한 사역에 그들이 겁을 먹고 물러서지 않게 하기 위함이었다. 그 약속을 우리가 소유하는 것이 우리의 특권이라면, 전도 명령을 받아들이는 것은 곧 우리가 이행해야 할 책임이다.

열한 제자에게 주어진 전도 명령은 교회의 항구적인 임무다. 전도 명령이 교회의 임무라면 신자들 개개인도 그에 동참해야 한다. 하나님을 사랑하고 그분을 영화롭게 하려면 복음을 전하라는 그분의 명령에 복종해야 한다.

같은 맥락에서 한 가지 더 생각할 점이 있다. 우리가 복음을 전함으로써 하나님을 영화롭게 할 수 있는 이유는 복음전도가 복종의 행위일 뿐 아니라 하나님이 죄인들을 구원하기 위해 행하신 위대한 사역들을 세상에 널리 알리는 일이기 때문이다. 하나님이 행하신 위대한 은혜의 사역이 드러날 때 그분은 큰 영광을 받으신다. 시편 저자는 이렇게 말했다.

"여호와께 노래하여…그의 구원을 날마다 전파할지어다 그의 영광을 백성들 가운데에, 그의 기이한 행적을 만민 가운데에 선포할지어다"(시 96:2-3).

그리스도인이 주 예수 그리스도와 그분의 구원 능력을 비신자들에게 전하는 것은 그 자체로 하나님을 영화롭게 하는 행위다.

이웃 사랑

우리로 하여금 열심히 복음을 전하도록 고무하는 또 하나의 동기는 이웃을 사랑하며 그들이 구원받기를 갈망하는 마음이다. 거듭난 사람들의 마음에는 멸망의 길을 걷는 사람들을 그리스도께 인도하고픈 열망이 자발적으로, 자연스레 흘러나온다. 예수님은 율법의 정신을 좇아 "네 이웃을 네 자신과 같이 사랑하라"

(막 12:31; 눅 10:27-28 참조)고 명령하셨다. 바울도 "기회 있는 대로 모든 이에게 착한 일을 하되"(갈 6:10)라고 당부했다.

사람들에게 가장 필요한 것이 있다면, 그것은 바로 그리스도를 아는 지식이 아니겠는가? 그리스도를 아는 지식을 제시하는 것보다 우리가 행할 수 있는 더 착한 일이 어디에 있겠는가?

이웃을 내 몸과 같이 사랑한다면 우리가 그토록 소중히 여기는 구원을 그들도 누리기를 바라는 마음을 가지는 것이 당연하다. 이것은 논쟁은 고사하고 재고할 필요조차 없는 자명한 이치다. 이웃에게 그리스도의 복음이 필요하다는 사실을 의식한다면 복음을 전하려는 마음이 자연스럽게 우러나오지 않을 수 없다.

그러면 우리의 이웃은 누구일까? 어떤 율법교사가 이웃을 사랑하라는 계명을 언급하면서 "내 이웃이 누구니이까"(눅 10:29) 하고 묻자 예수님은 선한 사마리아인의 비유로 대답하셨다. 그 비유가 가르치는 교훈은 매우 간단하다. 즉 누구든 도움을 필요로 하는 사람을 만나면 그가 우리의 이웃이다. 하나님이 그를 만나게 하신 것은 도움을 베풀게 하시기 위해서다. 우리는 상대방이 무엇을 필요로 하든 최선을 다해 도와줌으로써 그의 이웃이 될 의무가 있다. 예수님은 율법교사에게 "가서 너도 이와 같이

하라"(눅 10:37)고 말씀하셨다. 그분은 우리에게도 똑같이 말씀하신다.

이 원리는 물질적인 차원을 넘어 영적인 차원에 이르기까지 모든 형태의 필요에 그대로 적용된다. 따라서 그리스도를 믿지 않는 탓에 영혼의 죽음을 눈앞에 둔 사람들을 만났을 때는 그들을 이웃으로 받아들여 최선을 다해 그리스도를 전해야 한다.

다시 한 번 강조하지만 우리를 향한 그리스도의 사랑을 알고, 우리를 죽음과 지옥에서 구원하신 은혜에 조금이라도 감사하는 마음을 느낀다면 영적 곤경에 처한 이웃을 불쌍히 여겨 돌보려는 마음이 우리에게서 자연스레 우러나야 한다.

바울은 "그리스도의 사랑이 우리를 강권하시는도다"(고후 5:14)라는 말로 적극적으로 복음을 전해야 하는 이유를 설명했다. 그리스도인들이 그런 열정을 느끼지 못하고 자신들과 똑같이 복음을 절실히 필요로 하는 이웃과 귀한 복음의 지식을 공유하기를 주저하는 것은 참으로 안타깝고 불행한 일이 아닐 수 없다.

안드레는 메시아를 발견했을 때 저절로 마음이 움직여 그의 형제 시몬을 그리스도께 인도했고, 빌립도 그의 친구 나다나엘에게 달려가 복음의 기쁜 소식을 전했다(요 1:40 이하 참조). 그렇게 하라고 명령한 사람은 아무도 없었다. 그들은 중요한 소식이 있으면 무엇이든 가족과 친구들에게 전하고 싶어 하듯 자발적으로, 자연스럽게 복음을 전했다.

우리가 그런 행동을 자연스럽게 생각하지 않는다면 우리에게 무언가 큰 문제가 있는 것이 분명하다. 우리는 이 점에 대해 솔직해야 한다. 복음을 전하는 것은 큰 특권이다. 다른 사람들이 그리스도의 사랑을 가장 절실히 필요로 한다는 사실과 세상의 그 어떤 지식도 그들의 필요를 채워줄 수 없다는 사실을 의식하고 그들에게 그분의 사랑을 전한다면 그보다 더 놀라운 일은 없다.

따라서 우리는 개인적으로 복음을 전하는 일을 회피하거나 주저해서는 안 된다. 오히려 복음전도를 기쁘고 행복하게 여겨야 한다. 다른 사람들에게 주 예수 그리스도를 전할 수 있는 기회가 찾아왔는데도 그 의무를 이행하지 않으려고 변명을 둘러대는 것은 옳지 않다. 복음전도의 의무를 등한시하거나 회피하는 것은 죄와 사탄에게 굴복하는 것이나 마찬가지다.

우리는 대개 남들이 이상하게 여기고 비웃을까 봐, 또는 인기를 잃을까 봐 복음전도를 꺼리는 경향이 있다. 하지만 우리는 하나님 앞에서 "그런 것들 때문에 이웃 사랑을 저버려야 하는가?"라고 진지하게 물어볼 필요가 있다. 다른 사람들에게 복음을 전하는 일을 회피하는 이유가 스스로의 부족함을 절감하는 데서 비롯한 진정한 수치심 때문이 아니라 자존심에서 비롯한 거짓 수치심 때문이라면 우리는 우리의 양심을 향해 "어느 것이 더 중요한가? 우리의 평판인가, 아니면 이웃의 구원인가?"라고 물어야 한다.

하나님 앞에서 우리의 삶을 달아본다면 교만하고 비겁한 마음에 결코 안주할 수 없을 것이다. 그런 경우에는 하나님께 우리 자신을 부끄럽게 여길 수 있는 은혜를 구하는 한편 하나님을 사랑하는 마음이 가득 흘러넘치도록, 그 사랑이 이웃 사랑으로 이어져 그리스도의 복음을 전하는 일을 기쁘고 자연스럽게 받아들이게 해달라고 기도해야 한다.

적극적인 사랑의 실천

이제 우리에게 주어진 복음전도의 의무를 어떻게 바라봐야 하는지 모두가 분명히 알게 되었기를 바란다. 물론 주님이 우리에게 당부하신 일은 복음전도 외에도 매우 다양하다. 사실 복음전도만 해도 그 일을 수행하는 방법이 여러 가지다. 우리 모두가 설교자의 소명을 받은 것도 아니고, 그리스도를 필요로 하는 사람들을 대하는 능력과 기회도 각기 다르다. 하지만 복음전도의 의무는 우리 모두에게 주어졌다. 하나님과 이웃을 사랑한다면 그 의무를 결코 회피할 수 없다.

우리는 비신자들, 특히 가족들과 친구들을 비롯해 매일 만나는 사람들의 구원을 위해 기도하는 데서부터 시작할 수 있다. 그런 다음에는 일상생활을 하면서 복음을 전할 기회와 가능성을 엿보다가 적절한 때가 왔다 싶으면 적극성을 띠어야 한다. 적극성은 사랑의 본성에 속한다. 누군가를 사랑하게 되면 상대방을 위해 할 수 있는 가장 좋은 일을 끊임없이 찾게 되고, 어떻게 하면 그를 기쁘게 할까를 생각하며, 그를 위해 한 일이 그를 기쁘게 한다면 그것으로 만족해하기 마련이다.

성삼위 하나님이 우리를 위해 해주신 일들을 생각하고 진정으로 감사와 사랑을 느낀다면 자발적이고 적극적인 태도로 범사에 그분께 영광을 돌리기 위해 최선을 다할 것이 분명하다. 하나님께 영광을 돌리는 주된 방법 가운데 하나는 복음을 전하고 세상 도처에서 제자들을 모으라는 명령에 복종하는 것이다. 마찬가지로 이웃을 사랑한다면 그들에게 착한 일을 행할 수 있는 방법과 수단을 적극적으로 찾아야 한다. 그 주된 방법 가운데 하나는 그리스도를 아는 지식을 공유하는 것이다.

이처럼 하나님과 이웃을 사랑한다면 적극적으로 복음을 전해야 한다. 복음전도가 마치 성가시고 귀찮은 일이라도 되는 양 마지못해 하면서 머릿속으로 손익을 따지거나 '최소한의 노력으로 하나님을 만족시켜드릴 수 있는 복음전도 방법은 무엇일까?'를 생각해서는 안 된다. 그보다는 그리스도를 아는 지식을 사람들에게 전하고자 할 때 '우리의 능력으로 할 수 있는 일이 무엇일까?'를 생각하며 열과 성을 다해 기도하면서 조금이라도 가능성이 엿보이면 전심으로 복음을 전해야 한다.

지금까지 말한 내용을 잘못 적용하는 일을 방지하기 위해 한마디 당부를 덧붙이면 다음과 같다. 복음전도의 의무를 수행할 때는 반드시 사랑의 정신으로 해야 한다. 이는 우리가 그리스도께 인도하려는 사람들에 대한 진정한 관심과 그들의 행복을 바라는 진정한 마음에서 우러나온다. 사랑의 정신은 다른 사람들을 진정으로 존경하며 그들에게 진정한 친절을 베푼다.

때로 설교자나 개인이 지나친 열정에 사로잡혀 공격적인 태도로 복음을 전하는 경우가 있다. 그런 식의 복음전도는 바람직하지 않을 뿐 아니라 큰 우려를 자아낸다. 그것이 바람직하지 않은 이유는 다른 사람들에게 사랑과 관심을 기울이거나 도움을 주려는 마음이 없이 단지 교만하고 거만한 태도로 그들의 삶을 지배하는 데서 기쁨을 느끼기 때문이다. 또한 심리적인 수단을 동원해 상대방에게 무차별 공격을 가하기 때문이다. 그런 태도는 감수성이 예민한 사람들에게 큰 해를 끼칠 수 있다.

하지만 사랑의 정신으로 행하고 사랑의 정신으로 이루어지는 복음전도는 그와는 전혀 다른 태도로 사람들에게 접근한다. 그들을 진정으로 염려하고, 하나님을 진정으로 사랑하고 경외한다면 하나님을 영화롭게 하고 그들을 존중하는 태도로 복음을 전해야 한다. 사람들의 인격을 공격하거나 약점을 이용하거나 그들의 감정을 마구 짓밟아서는 안 된다. 오히려 우리는 우리가 가장 귀하게 여기는 것을 공유함으로써 진정한 우정과 관심을 보여주려고 노력해야 한다. 강단에서든 사석에서든 우리가 전하는 진리가 아무리 혁신적이고 충격적이더라도 모든 말에는 진정한 우정과 관심이 배어 있어야 한다.

오래전에 C. G. 트럼볼이 개인 전도를 주제로 저술한 책이 있다. 그 책의 제목은 『사람들을 생포하라』(*Taking Men Alive*)이다. 트럼볼은 그 책 3장에서 그의 아버지가 개인 전도를 할 때 적용했던 규칙을 소개했다. 그 대목을 인용하면 다음과 같다.

"다른 사람과 대화를 나눌 때 내가 주제를 선택해도 아무 문제가 되지 않는다면 상대방의 필요를 의식하고 가능한 한 그 필요를 채워주기 위해 대화의 주제 중의 주제[그리스도]를 화제로 꺼내곤 한다."

이 말의 핵심은 "다른 사람과 대화를 나눌 때 내가 주제를 선택해도 아무 문제가 되지 않는다면"이라는 표현에 있다. 이는 다른 사람을 대하는 모든 상황과 마찬가지로 개인 전도 역시 정중한 예의가 필요할 뿐 아니라 진정한 우정을 바탕으로 한다는 점을 일깨워준다.

다른 사람과 대화를 나눌 때 우리가 주제를 선택해도 아무 문제가 되지 않으려면 진정한 우정으로 상대방을 대해야 한다. 다시 말해 상대방을 물건이 아니라 인격체로 대우함으로써 그가 스스로 존중받고 있다고 느끼는 관계가 확립되어야 한다. 그런 관계를 단 5분 만에 형성하는 사람도 있고, 그렇게 되기까지 몇 달이 걸리는 사람도 있다. 하지만 원리는 동일하다. 다른 사람에게 친밀한 태도로 주 예수 그리스도를 전할 수 있는 권리는 노력을 통해 얻어지는 것이다. 다시 말해 상대방에게 그를 존중하고 진정한 우정으로 대한다는 확신을 심어주어야만 그런 권리를 획득할 수 있다.

따라서 속히 자리를 피하고 싶어 하는 낯선 사람을 붙들고 무

작정 장황하게 말을 늘어놓거나, 무례하게 상대방의 사생활을 침해하거나, 얼굴에 철판을 깐 듯한 태도로 하나님에 관한 일들을 주장해서는 안 된다. 특히 기질이 강하고 수다스러운 사람이 종종 개인 전도라는 미명하에 그런 태도를 취하는 경우가 많다. 이는 개인 전도를 곡해한 것으로, 마땅히 사라져야 한다. 그런 태도에는 개인 전도가 아니라 "비인격적인 복음전도"라는 이름이 더 잘 어울린다. 사실 그런 식의 무례는 하나님을 욕되게 한다. 그리스도를 믿는다고 자처하는 사람들이 불쾌한 행동을 일삼는 경우에는 그리스도께 대한 반감과 편견을 부추길 뿐이다.

진정한 복음전도는 많은 대가와 희생을 요구한다. 왜냐하면 다른 사람들과의 진실한 인간관계를 요구하기 때문이다. 그리스도에 관한 내용을 대화의 주제로 선택해도 아무 문제가 되지 않을 정도로 친밀한 관계를 형성하려면 진실하고 정직한 우정으로 다가가야 한다. 그래야만 무례를 범하거나 반감을 일으키지 않고 그들의 영적 필요를 논의할 수 있다.

개인 전도를 하고 싶다면(사실 우리 모두 그런 마음을 가져야 한다) 우정의 은사를 구해야 한다. 진정한 우정은 이웃을 내 몸과 같이 사랑하는 사람의 가장 중요한 특징이다.

어떤 수단과 방법으로 복음을 전할 것인가?

오늘날 일부 복음주의 진영에서 복음전도의 방법을 둘러싸고 종종 논쟁이 불거지곤 한다. 거의 1세기 동안 영국과 미국에서 복음전도의 전형으로 고착되어온 전도 집회를 비판하는 사람들도 있고 옹호하는 사람들도 있다.

전도 집회는 누구라도 쉽게 구별할 수 있다. 왜냐하면 몇 가지 뚜렷한 특징을 지니고 있기 때문이다. 전도 집회의 주최자들은 기독교의 메시지에 무관심하고 한 번도 교회에 나온 적이 없는 사람들의 이목을 끌기 위해 일부러 밝고 활기차게 꾸미곤 한다. 모든 것을 의도적으로 계획해 따뜻하고 쾌활하고 행복한 분위기를 연출한다. 집회는 대개 성가대 찬양, 독창, 합창, 빠른 찬송가 등 음악이 큰 비중을 차지한다. 또한 간증을 활용해 그리스도인의 영적 체험을 크게 강조하고, 집회가 끝난 뒤 결신을 촉구하는 시간이 뒤따르며, 믿음을 갖기로 결정했거나 믿음을 갖고 싶어 하는 사람들에게 더 많은 가르침을 베풀기 위해 면담 시간을 마련하는 것이 보통이다.

전도 집회를 비판하는 내용 몇 가지를 언급하면 다음과 같다 (물론 이 비판들이 모두 타당성을 갖는다고 말하기는 어렵다).

첫째, 고의로 활기찬 분위기를 연출하는 것은 불경죄에 치우칠 소지가 많다. 예배를 오락으로 만들려는 시도는 하나님의 권위를 떨어뜨리고, 예배의 정신을 훼손하며, 창조주 하나님을 경홀히 여기도록 유도한다. 회심할 가능성이 있는 사람이라면 언젠가는 교회에 나와 주일 예배에 참석할 것이다. 그런데 처음부터 그런 식의 인상을 심어준다면 그릇된 마음가짐을 안겨주기 쉽다.

둘째, 간증을 통해 그리스도인의 경험이 온통 매혹적인 요소로 가득한 것처럼 부풀리는 것은 목회적 차원에서 무책임한 일이 아닐 수 없다. 그것은 그리스도인이 된다는 것이 마치 낭만적인 일인 듯한 인상을 심어주기 쉽다. 더욱이 장황하게 감언이설을 늘어놓아 결신을 촉구하고, 고의로 감정을 자극하기 위해 감상적인 음악을 이용하는 행위는 사람들의 심리와 기분을 한껏 고취시켜 억지 회심을 유도하는 경향이 있다. 그런 회심은 영적 확신을 통한 거듭남의 결과와는 전혀 무관하다. 그런 성격의 집회에서 이루어지는 결신 초청은 신앙생활이 무엇을 의미하고, 또 거기에 어떤 희생이 뒤따르는지를 제대로 설명하지 않는다. 따라서 일순간의 신뢰를 이끌어내기 위한 책략에 불과하다.

회심자들을 얻었다는 사실만으로 전도 집회의 정당성을 인정할 경우 많은 설교자와 신앙 상담사들이 복음이 무엇인지 제대로 이해조차 못한 상태에서 강압적으로 결신을 촉구하는 성급한 행동을 일삼을 소지가 높다. 그런 식으로 얻은 회심자들은 영적으로 성장할 가능성이 거의 없거나 잠시 형식적으로 신앙을 고백한 뒤 결국에는 믿음을 포기하는 등 둘 중에 하나가 될 공산이 크다.

복음전도의 미래는 그런 식의 복음전도를 완전히 청산하고 새로운 형태의 복음전도(즉 전도 집회 이전에 통용되었던 옛 방법을 회복하는 것)를 도입하는 데 달려 있다. 다시 말해 복음전도의 수행자가 몇몇 교회의 연합으로 구성된 집회가 아니라 각 지역의 교회라는 점을 다시 인식하고, 전도 집회 역시 각 교회의 예배를 통해 이루어져야 한다. 이는 각 교회의 예배가 전도 집회의 역할을 항상 대신해야 한다는 견해다.

이런 비판에 대해 대개 다음과 같은 답변이 주어진다. 전도 집회가 비판을 받을 만한 이유가 충분한 것은 사실이지만 잘 운영하기만 하면 얼마든지 그런 오류를 피할 수 있다는 것이다. 사실 전도 집회는 과거로부터 그 유용성을 입증해 왔다. 우리의 경험은 하나님이 여전히 그런 집회를 도구로 이용하신다는 사실을 보여준다. 따라서 전도 집회를 포기해야 할 이유는 충분하지 않다. 큰 교단에 속하는 교회들이 대부분 복음전도의 의무를 도외시하는 상황에서 전도 집회는 수많은 사람에게 복음을 전하는 유일한 통로가 될 수 있다. 따라서 복음전도의 미래는 전도 집회를 폐지하기보다 그 단점을 보완해 계속 유지해 나가는 데 달려 있다.

논쟁은 지금도 진행 중이다. 한동안 지속될 것이 분명하다. 나는 여기에서 그런 논쟁에 뛰어들고 싶은 생각이 없다. 단지 한쪽에 물러서서 전도 집회를 비롯해 이미 실행되고 있거나 제안된 여러 가지 복음전도의 방법을 올바로 평가할 수 있는 핵심 원리를 말하는 것으로 족한다.

그러면 핵심 원리는 과연 무엇일까? 다음 내용을 읽어보면 이에 대해 분명히 알게 될 것이다.

복음전도는 회심을 목표로 복음을 전하는 것이다. 따라서 궁극적으로 볼 때 복음전도의 수단은 단 하나뿐이다. 즉 그리스도의 복음을 설명하고 적용하는 것이다. 회심을 구성하는 두 가지 요소는 믿음과 회개이며, 둘은 서로를 보완한다. 믿음과 회개는 복음을 듣고 반응하는 데서 생겨난다. 바울은 "믿음은 들음에서 나며 들음은 그리스도의 말씀으로 말미암았느니라"(롬 10:17)고 말했다. NEB 성경은 이를 "믿음은 메시지를 통해 깨어나고, 믿음을 일깨운 메시지는 그리스도의 말씀에서 나온다"라고 번역했다.

따라서 궁극적으로 볼 때 복음전도의 수행자는 단 한 분, 즉 예수 그리스도뿐이시다. 예수님은 성령으로 복음전도자들에게 능력을 주시어 복음을 옳게 설명하고, 강력하고 효과적으로 적용하게 하신다. 또한 성령으로 인간의 생각과 마음을 여시어(눅 24:45; 행 16:14 참조) 복음을 받아들여 구원 신앙에 이르게 하신다(요 12:32 참조). 바울은 "그리스도께서 이방인들을 순종하게 하기 위하여 나를 통하여 역사하신 것 외에는 내가 감히 말하지 아니하노라 그 일은…성령의 능력으로 이루어졌으며"(롬 15:18-19)라고 말함으로써 자신이 복음전도자로서 이룬 업적을 평가했다.

아우구스티누스 이후로 "복음 성사(聖事)의 진정한 사역자는 그리스도이시고, 성사를 주관하는 인간은 단지 그분의 손을 대신해 일할 뿐이다"라는 말이 종종 회자되어왔다. 마찬가지로 우리도 복음전도의 진정한 사역자는 그리스도이시고, 설교자나 복음전도자는 단지 그분의 입을 대신해 말씀을 전할 뿐이라는 기본 진리를 기억해야 한다.

그러므로 궁극적으로 볼 때 복음전도의 방법은 오직 하나, 곧 복음의 메시지를 충실히 설명하고 적용하는 것뿐이다. 이것이 우리가 추구하는 핵심 원리다. 복음전도의 전략이나 기술, 또는 그 형태의 옳고 그름을 판단하는 기준은 "말씀을 올바로 섬기고 있는가? 복음을 옳게 설명하고 효과적으로, 정확하게 적용할 목적을 가지고 있는가?"이다. 그런 생각으로 고안된 방법은 바람직하고 합법적이다. 하지만 메시지의 내용을 흐리거나 모호하게 만들고 그 적용의 예봉을 무디게 만드는 방법은 그릇되고 속되다.

우리는 올바른 방법을 찾아야 한다. 그러려면 우리의 복음전도 계획과 실천 행위, 즉 우리의 선교, 집회, 복음 운동, 크고 작은 모임, 설교, 대화, 간증, 개인 전도, 우리가 나눠주는 전도지, 우리가 빌려주는 책, 우리가 쓰는 편지 등을 면밀히 재검토하면서 다음과 같은 질문을 던져야 한다.

이런 식으로 그리스도를 전하면 복음이 하나님의 말씀이라는 인상을 사람들에게 심어줄 수 있을까? 인간적인 것에서 관심을 돌려 하나님과 그분의 진리를 생각하게 만드는가, 아니면 메시지의 주인이시자 권위자이신 하나님께로부터 관심을 돌려 메시지 전달자의 행위나 사람을 주목하게 만드는가?

복음이 인간의 사상, 즉 설교자의 노리개처럼 보이게 만드는가, 아니면 메시지 전달자 자신도 경이감을 가지고 대하지 않으면 안 될 하나님의 계시로 보이게 만드는가? 이런 식으로 그리스도를 제시하면 인간의 명석함과 쇼맨십을 드러내는 인상을 주지는 않을까? 인간을 높이는 결과를 낳지는 않을까?

아니면 메시지 전달자의 솔직하고 꾸밈없는 단순함이 담겼는가? 다시 말해 오직 메시지를 전하는 것을 유일한 관심사로 삼아 자신은 온전히 감추고 오로지 메시지만이 부각되기를 원하며, 자신을 도구로 사용하시는 전능하신 주님 앞에 머리를 조아리고 겸손히 말씀을 전할 때 혹시나 사람들이 자신에게 찬사와 존경을 보낼까 봐 두려워하는 메시지 전달자의 마음을 잘 구현하고 있는가?

이를 바꾸어 질문하면 이렇다. 이런 식으로 그리스도를 전하면 사람들의 생각 속에 말씀의 사역을 촉진하게 될까, 아니면 방해하게 될까? 이 방법은 메시지의 의미를 더 확실하게 해주는가, 아니면 경건한 척하는 사변이나 비밀스러워 보이는 사상으로 메시지를 포장해 그 의미를 더욱 모호하고 수수께끼처럼 만드는가?

사람들로 하여금 스스로와 하나님에 관해 깊이 생각하게 하고 그분과의 관계 안에서 자신을 돌아보게 만드는가, 아니면 감정만을 자극해 생각할 기회를 차단하는가? 이 방법은 생각을 일깨우는가, 아니면 잠들게 하는가? 이런 식으로 그리스도를 전하는 것은 감정의 힘으로 사람들을 움직이려는 것일까, 아니면 진리의 힘으로 이끌려는 것일까? 물론 감정에 호소하는 것은 조금도 잘못이 아니다. 감정이 없이 회심한다는 것은 터무니없다. 문제는 생각을 자극하지 않고 감정에만 초점을 맞춰 감정을 이용해 사람을 시달리게 하는 데 있다.

질문은 계속된다. 이런 식으로 그리스도를 전하면 사람들에게 복음의 교리를 가르칠 수 있을까? 교리의 일부분이 아니라 전체, 곧 창조주 하나님과 그분의 요구, 죄를 지어 아무 소망도 없는 인간, 중생의 필요성, 인간이 되신 하나님의 아들, 즉 우리의 죄를 위해 죽으시고 죄 사함을 베푸시어 죄인들을 하나님께로 인도하시는 그리스도에 관한 진리를 모두 가르치는가? 혹시 그런 교리를 배제한 채 반쪽짜리 진리를 전함으로써 교리를 미처 다 이해하지도 못한 상태에서 믿음을 가지고 회개할 것을 요구하고 있지는 않은가? 다시 말해 회개의 필요성이나 믿음을 가져야 하는 이유를 충분히 설명하지 않고 성급히 결신에 이르게 하려고 하는가?

또 이런 질문들도 필요하다. 이런 식으로 복음을 전하면 복음을 삶에 적용하도록 인도할 수 있을까? 단지 부분적인 적용이 아니라 전체적인 적용이 가능하도록 이끄는가? 다시 말해 하나님의 관점에서 스스로를 바라보고 이해하는 법을 가르쳐 자신이 타락한 죄인이라는 사실을 깊이 의식하고, 하나님과의 관계가 잘못된 탓에 벌어진 절실한 상황을 온전히 이해하는 한편, 그리스도를 구주로 영접하는 데서 발생하는 희생과 결과를 충분히 감당할 수 있게 이끄는가? 아니면 이런 내용을 배제하거나 적당히 얼버무려 복음이 요구하는 것을 부적절하게 왜곡시키고 있지는 않은가?

그리스도께 즉시 반응해야 할 의무가 있다는 사실을 의식하지 못하게 만들고 있지는 않은가? 자기를 부정하고 그리스도를 주님으로 받들어 섬겨야 하는 책임을 도외시하고 오직 죄를 짊어지신 그리스도를 신뢰하기만 하면 된다는 생각을 심어주는가(이는 값싼 믿음주의에 지나지 않는다), 아니면 반대로 그리스도를 구원자로 영접해야 한다는 사실을 깨닫지 못한 채 그분을 주인으로 받아들여 헌신하는 것으로 족하다는 생각을 심어주는가(이는 도덕적 의지주의에 지나지 않는다)?

복음을 그릇 이해한 탓에 불완전한 믿음을 갖게 된 사람, 즉 양심이 어설프게 깨어난 사람보다는 차라리 복음에 아예 반응을 보이지 않는 사람이 더 낫다. 세리를 바리새인으로 만드는 것은 그의 형편을 더 못하게 만드는 처사다.

우리는 또한 이렇게 물어야 한다. 이런 식으로 그리스도를 전하면 복음의 진리를 적절하고도 진지하게 전할 수 있는가? 삶과 죽음의 문제를 깊이 생각하게 만드는가? 하나님의 위대하심과 인간의 끔찍한 죄와 결핍을 옳게 의식하게 만들어 그리스도의 무한한 은혜를 구하게 인도하는가? 하나님의 엄위로우신 권위와 거룩하심을 의식하게 만드는가? 하나님의 진노의 손길에 붙잡히는 것이 얼마나 무서운 일인지 알게 해주는가?

이런 식으로 그리스도를 전하면 값싸고 경박한 흥미를 돋우거나 마음의 안정만을 유도해 복음의 중요성을 올바로 의식하지 못하게 만들 뿐 아니라 복음을 단지 인생의 문제를 해결하는 데 필요한 심리적 도움을 주는 수단으로만 생각하게 하지는 않을까? 복음전도자가 복음을 값싸고 경박하게 만드는 것은 하나님께는 말로 다할 수 없는 모욕이요 인간에게는 큰 해가 된다.

물론 영적인 일들을 말할 때 일부러 심각한 척할 필요는 없다. 거짓으로 진지한 척하는 것보다 더 경박한 것은 없다. 그런 태도로 복음을 전하면 청중을 위선자로 만들 소지가 높다. 그리스도를 전하는 사람은 항상 하나님의 위대하심과 영광은 물론 그분과의 교제를 통해 주어지는 기쁨을 마음속으로 깊이 생각하고, 하나님 없이 영원히 저주스런 삶을 사는 것이 얼마나 두려운지 깨닫게 해달라고 기도해야 한다. 그러면 하나님이 그에 대해 우리가 느끼는 것을 정직하게 전할 수 있는 능력을 허락하실 것이다. 그래야만 비로소 진지하고 자연스럽게 복음을 전할 수 있다.

이런 질문들을 던져보면 우리가 사용하는 복음전도의 방법을 옳게 평가해 필요한 부분을 개선할 수 있다. 복음을 가장 완벽하게 드러내는 것이 가장 훌륭한 복음전도 방법이다. 복음의 메시지가 하나님께로부터 왔다는 사실과 그것이 삶과 죽음이라는 엄숙한 문제를 다룬다는 사실을 확실하게 증언하는 것이 필요하다. 또한 우리의 복음전도는 그리스도의 좋은 소식과 그분의 십자가를 가장 완전하고 철저하게 설명하고, 복음을 가장 정확하고 엄밀하게 적용하게 하는 데 초점을 맞춰야 한다.

아울러 청중의 생각을 일깨워 그것이 하나님의 말씀이라는 점을 생생히 의식하게 만드는 한편, 각자의 상황에 맞게 인격적으로 전달해야 한다. 우리는 각각의 경우에 가장 적합한 복음전도 방법을 스스로 강구해야 한다.

복음전도를 둘러싸고 일어나는 논쟁은 이러한 원리에 입각해 해결의 실마리를 찾아야 한다.

4장
하나님의 일 vs 인간의 일

전도와 기도는 병행되어야 한다. 그렇지 않으면 우리의 복음전도는 진리에 근거하지도 않고, 축복을 받지도 못할 것이다. 우리가 전도해야 하는 이유는 복음의 지식이 없이는 구원받을 수 없기 때문이고, 우리가 기도해야 하는 이유는 오직 성령의 주권적인 역사만이 우리의 전도를 통해 사람들을 구원으로 인도할 수 있기 때문이다. 하나님은 기도하지 않는 곳에는 성령을 보내지 않으신다. 오늘날의 복음주의자들은 복음전도의 방법을 혁신하기에 분주하다. 좋은 일이다. 하지만 하나님이 우리의 기도를 혁신하시어 우리에게 복음전도를 위해 기도할 수 있는 새 마음을 허락하지 않으신다면 그 어떤 방법도 결실을 거두기 어렵다.

이 마지막 장은 지금까지 복음전도에 관해 논의한 내용을 간단히 요약하는 데서부터 시작하는 것이 좋을 듯하다.

복음전도는 온 세상에 퍼져 있는 하나님의 백성 모두에게 주어진 임무다. 복음전도는 창조주 하나님의 메시지를 타락한 인류에게 전하는 일이다. 복음의 메시지는 좋은 소식을 제시하는 데서 시작해 구원 초청으로 끝을 맺는다. 좋은 소식은 성자 하나님을 죄인들을 위한 완전한 구세주로 삼으신 하나님의 사역을 말하고, 구원 초청은 구세주를 영접해 생명을 얻으라는 하나님의 부르심을 말한다. 하나님은 인류에게 회개를 명하셨고, 회개하는 자에게 죄 사함과 회복을 약속하셨다.

그리스도인은 하나님의 대사이자 사자로서 이 메시지를 널리 전하라는 사명을 띠고 세상에 파견되었다. 복음전도는 그리스도인의 의무(하나님의 명령이자 이웃 사랑의 실천)이면서 또한 특권(위대하신 하나님을 전하는 일이자 이웃에게 영적 죽음의 공포에서 구원받을 수 있는 해결책을 제시하는 일)이다.

우리의 임무는 사람들에게 그리스도의 복음을 전하는 것이다. 우리는 가용한 모든 수단을 동원해 그리스도의 복음을 확실하게 설명해야 한다. 최선을 다해 사람들이 어려워하는 요소들을 제거하고, 진지하게 복음을 전하는 인상을 심어주며, 믿음을 가지라고 권고해야 한다. 이것은 우리가 항상 짊어져야 할 책임이자 기독교적 소명의 근간에 속한다.

이제 이 책 서두에서부터 줄곧 염두에 두었던 문제를 생각해 볼 때가 되었다. 바로 "하나님의 주권을 믿는 믿음이 복음전도에 어떤 영향을 미치는가?" 하는 문제다.

앞서 하나님의 주권이 성경이 가르치는 한 쌍의 진리, 곧 이율배반을 구성하는 진리 가운데 하나라는 점을 살펴보았다. 성경의 하나님은 주님이신 동시에 율법 수여자이시다. 그분은 인류의 왕이신 동시에 재판관이시다. 우리가 성경의 가르침을 따른다면 하나님의 주권과 인간의 책임이 나란히 존재하는 사고의 여지를 마련해야 한다. 인간은 하나님에 대하여 책임을 져야 한다. 왜냐하면 그분은 인간의 의무를 규정하시는 율법 수여자이시고, 의무를 이행했는지의 여부를 심판하시는 재판관이시기 때문이다. 또한 하나님은 인간을 다스리시는 주권자이시다. 왜냐하면 우주 만물을 통제하고 명령하시듯 인간의 행위를 통제하고 명령하시기 때문이다. 인간은 자신의 행동에 대해 책임을 져야 하고, 하나님은 인간의 행동을 다스리신다. 이는 모두 궁극적인 사실이다.

바울은 한 통의 짧은 서신에서 언뜻 생각하면 창조주 하나님과 피조물인 인간이 서로 양립할 수 없는 관계를 맺고 있는 것처럼 보이는 문제를 통해 하나님의 뜻을 언급함으로써 이러한 이율배반의 진리를 부각시켰다. 그는 에베소서 5장과 6장에서 신자들이 주의 뜻이 무엇인가 이해해(엡 5:17 참조) 하나님의 뜻을 행하기를(엡 6:6 참조) 원했다. 이것이 율법 수여자이신 하나님의 뜻이다. 인간은 하나님의 뜻을 알고 복종해야 한다.

바울은 같은 맥락에서 데살로니가 신자들에게 "하나님의 뜻은 이것이니 너희의 거룩함이라 곧 음란을 버리고"(살전 4:3; 마 7:21, 12:50; 요 7:17; 요일 2:17 참조)라고 말했다. 그와 동시에 에베소서에서는 하나님이 "그 기쁘신 뜻대로"(엡 1:5) 자신과 동료 신자들을 창세전에 그리스도 안에서 선택하셨다고 말했다. 그리고 세상의 마지막 날에 그리스도 안에서 만물을 통합하시려는 하나님의 의도를 "그 뜻의 비밀"(엡 1:9)이라고 말했다. 그는 하나님을 "모든 일을 그[하나님]의 뜻의 결정대로 일하시는 이"(엡 1:11)라고 일컬었다. 여기에서 "그의 뜻"이란 피조물을 다루시는 하나님의 영원한 목적, 곧 온 우주의 주권자로서의 뜻을 가리킨다. 하나님은 심지어 율법을 거역한 인간의 행위를 비롯해 실제로 일어나는 모든 일을 통해 그분의 뜻을 이루신다(창 45:5 이하, 50:20 참조, "하나님의 뜻"은 로마서 1장 10절, 15장 32절, 요한계시록 4장 11절에서도 이런 의미로 언급된다).

과거의 신학은 이 두 가지 하나님의 뜻을 "계명"과 "목적"의 의미로 각각 구별했다. 전자는 하나님이 인간이 마땅히 행해야 할 의무를 규정하신다는 것을 뜻하고, 후자는 하나님이 하고자 하시는 일을 결정하신다는 뜻이다(후자는 대체로 비밀에 감추어져 있다). 이는 하나님의 율법과 그분의 계획을 구별한다. 전자는 인간이 해야 하는 일을 말하고, 후자는 인간이 앞으로 어떻게 될 것인지를 말한다.

이 두 가지 하나님의 뜻은 모두 사실이다. 하나님의 생각 안에서는 둘이 서로 연결되어 있지만 우리는 그 점을 능히 헤아릴 수 없다. 이것이 하나님을 불가해하다고 말하는 이유다.

우리가 생각해야 할 질문은 이것이다.

"모든 일이 하나님의 직접 통치를 통해 일어나고, 미래가 그분의 작정을 통해 미리 정해졌으며, 그분이 누구를 구원하실지 이미 결정된 상태에서 어떻게 우리가 복음전도의 의무를 이행할 수 있단 말인가?"

이 질문은 오늘날 많은 복음주의자들을 곤혹스럽게 만든다. 성경이 제시하는 대로 하나님의 주권을 절대적이고 무조건적으로 믿는 사람들이 있다. 그들은 자신들과 다른 신념을 가졌던 세대가 전해 준 복음전도의 방법을 수정해 기독교 신앙을 증언하고, 또 증언할 수 있는 방법이 있는지 궁금해한다. 그들은 그런 방법이 구원의 문제에 있어서 하나님의 절대 주권을 믿지 않는 사람들에 의해 고안되었다고 말한다. 그리고 이렇게 묻는다. "이 한 가지 사실만으로도 그런 방법을 사용하는 것을 거부할 이유가 충분하지 않은가?"

한편 하나님의 주권 교리를 그런 식으로 이해하지 않거나 그리 심각하게 받아들이지 않는 사람들이 있다. 그들은 하나님의 주권을 지나치게 철저히 믿는 신앙은 복음전도의 사망 선고나 다름없다고 말한다. 왜냐하면 그런 신앙은 복음전도의 긴박성을 감소시킬 수밖에 없다고 생각하기 때문이다.

사탄은 복음전도를 저지하고 그리스도인들을 분열시키는 일이라면 무엇이든 마다하지 않을 것이다. 그는 전자에 속한 사람들을 충동해 오늘날 이루어지는 복음전도의 노력을 비웃거나 방해하게 하고, 후자에 속한 사람들을 충동해 이성을 잃고 전전긍긍하며 법석을 떨게 만든다. 그는 양측 모두 서로를 비난하고 원망하며 교만한 태도로 자기 의를 주장하게 만든다. 따라서 사탄의 계략에 넘어가지 않도록 주의해야 할 필요가 있다.

이는 매우 절박한 문제다. 이 문제를 제기한 장본인은 바로 성경이다. 성경은 하나님이 인간과 이중적인 차원에서 관계를 맺으신다고 가르친다. 우리는 성경에서 이 문제의 대답을 찾아야 한다.

성경의 대답은 두 가지 명제로 표현될 수 있다. 하나는 부정적인 명제이고, 다른 하나는 긍정적인 명제다.

부정적인 명제

"구원 은혜를 베푸시는 하나님의 주권은 복음전도의 본질과 의무에 관해 지금까지 말한 내용에 아무런 영향을 미치지 않는다."

여기에 해당하는 원리는 우리가 행해야 하는 의무의 규칙과 책임의 한도가 만사를 주관하시는 하나님의 숨겨진 뜻이 아니라 그분의 계시된 계명의 뜻에 달려 있다는 것이다. 우리는 하나님의 계획을 어림짐작하지 말고 그분의 확실한 율법을 따라 살아야 한다. 모세는 이스라엘 백성에게 율법과 경고와 약속의 말씀을 가르치는 일을 마무리하면서 이 원리를 제시했다.

"감추어진 일은 우리 하나님 여호와께 속하였거니와 나타난 일은 영원히 우리와 우리 자손에게 속하였나니 이는 우리에게 이 율법의 모든 말씀을 행하게 하심이니라"(신 29:29).

하나님이 자신만의 비밀로 간직하기를 원하시는 일(예를 들어 택하신 자들의 숫자와 신분 및 하나님이 언제, 어떻게, 누구를 구원하실 계획이신지 등의 문제)은 인간의 의무와는 전혀 무관하다. 즉 그것은 하나님의 율법을 해석하는 것과 아무 관계가 없다. 복음전도의 의무는 하나님의 율법, 곧 그분의 계시된 뜻에 속한다. 따라서 원칙상 선택이나 소명과 관련된 하나님의 주권 신앙에 전혀 영향을 받지 않는다. 그러므로 우리는 성공회 신조 17항의 내용을 믿음으로 받아들일 수 있다.

"[하나님은] 항상(즉 확고하면서도 결정적으로) 우리에게 감추어진 경륜을 펼쳐나가심으로써 인류 가운데서 빼내어 그리스도 안에서 선택하신 사람들을 저주와 심판으로부터 구원하시고, 그리스도를 통해 그들을 영원한 구원으로 인도하시어 영광을 위해 지으심을 받은 그릇들이 되게 하신다."

이 신조는 복음전도의 본질을 결정하거나 온 세상 모든 사람에게 복음을 전해야 하는 우리의 의무에 아무런 영향을 미치지 않는다. 구원 은혜를 베푸시는 하나님의 주권은 복음전도의 의무와 아무 관련이 없다. 따라서 우리는 이렇게 말할 수 있다.

첫째, 하나님이 주권적으로 구원 은혜를 베푸신다는 신앙은 복음전도의 필요성에 아무런 영향을 미치지 않는다. 선택의 교리와 관련해 우리가 무엇을 믿든 복음전도는 여전히 필요하다. 왜냐하면 인간은 복음이 없이는 구원받을 수 없기 때문이다. 바울은 이렇게 말했다.

"유대인이나 헬라인이나 차별이 없음이라 한 분이신 주께서 모든 사람의 주가 되사 그를 부르는 모든 사람에게 부요하시도다 누구든지 주의 이름을 부르는 자는 구원을 받으리라" (롬 10:12-13).

주의 이름을 부르지 않는 자는 아무도 구원받을 수 없다. 누군가가 주님을 전해 주어야만 그분의 이름을 부를 수 있다. 따라서 바울은 이렇게 덧붙였다.

"그런즉 그들이 믿지 아니하는 이를 어찌 부르리요 듣지도 못한 이를 어찌 믿으리요 전파하는 자가 없이 어찌 들으리요"(롬 10:14).

그리스도에 관한 소식을 전해 들어야만 비로소 그분을 믿을 수 있고, 그분을 믿어야만 구원받을 수 있다. 구원은 믿음에 달려 있고, 믿음은 복음을 아는 것에 달려 있다. 하나님이 죄인을 구원하시는 방법은 복음을 듣고 믿음을 갖게 하시는 것이다. 따라서 누군가가 구원을 받으려면 복음전도가 반드시 필요하다.

하나님이 우리에게 복음전도를 맡기신 이유는 선택하신 백성을 구원하려는 목적에 이바지하게 하시기 위해서다. 하나님이 그런 목적을 지니고 계신다고 해서(하나님의 주권적인 목적을 방해할 수 있는 것은 아무것도 없다) 우리의 복음전도가 필요하지 않다는 의미는 결코 아니다. 예수님이 가르치신 혼인잔치의 비유를 보라. 손님들을 초청하는 일을 수행한 사람은 왕의 종들이었다. 그들은 눈에 띄는 사람들을 모두 혼인잔치에 초대했다. 지나가는 행인들이 초대를 받고 잔치에 참여했다(마 22:1 이하 참조). 마찬가지로 복음의 사역자들도 그런 행동을 통해 선택받은 사람들을 그리스도께서 이루신 구원으로 초대한다.

둘째, 하나님이 주권적으로 구원 은혜를 베푸신다는 신앙은 복음전도의 긴급성에 아무런 영향을 미치지 않는다. 선택의 교리와 관련해 우리가 무엇을 믿든 그리스도께서 계시지 않으면 인간은 영원히 구원받지 못하고 지옥에 가야 한다(이런 진부한 표현을 사용하는 것을 용납하라. 하지만 사실 구원받지 못하면 갈 곳은 지옥뿐이다). 예수님은 군중에게 이렇게 말씀하셨다.

"회개하지 아니하면 다 이와 같이 망하리라"(눅 13:3, 5).

그리스도의 제자인 우리는 사람들을 멸망에서 구원하실 수 있는 유일한 분을 전하기 위해 세상에 파견되었다. 사람들의 상황은 참으로 긴급하지 않은가? 만일 그렇다면 복음을 전하는 일 역시 긴급할 수밖에 없지 않은가? 사람들이 불타는 건물 안에서 잠을 자고 있다면 신속히 달려가 그들을 흔들어 깨워 밖으로 데리고 나오는 것이 당연지사다. 세상에는 자신이 하나님의 진노 아래 놓여 있다는 사실을 의식하지 못하는 사람들이 너무나도 많다. 그러니 불타는 건물에서 사람을 구하듯 서둘러 그들을 깨워 피할 길을 알려주는 것이 당연하지 않겠는가?

'그들이 선택받지 않았다면 우리의 말을 믿지 않을 것이다. 그러니 그들을 구원하려는 노력이 수포로 돌아갈 수밖에 없지 않은가?'라고 생각하며 복음전도를 자제하는 것은 옳지 않다. 그것은 우리가 해야 할 걱정이 아니다. 그런 생각이 우리의 행동에 영향을 미쳐서는 안 된다. 고맙다는 말을 듣지 못할까 걱정이 되어 착한 일을 행하지 않는 것은 잘못이다.

또 우리는 누가 선택받았고, 누가 선택받지 못했는지 알 길이 없다. 선택받지 못한 사람들이 분명히 존재할 테지만 우리는 그들이 누구인지 알 수 없다. 따라서 섣부른 추측을 일삼는 것은 무익할 뿐 아니라 불경스럽기까지 하다. 유기된 자의 신분은 우리가 알 수 없는 하나님의 비밀에 해당한다.

더욱이 그리스도인이 행하는 사랑의 실천은 하나님이 선택하신 사람들에게만 국한되지 않는다. 그리스도인은 선택을 받았든 받지 않았든 상관없이 모든 사람을 사랑해야 한다. 사랑의 본질은 선을 행하고 필요를 채워주는 것이다. 우리의 이웃이 아직 회개하지 못했다면 우리는 최선을 다해 복음의 좋은 소식을 전함으로써 사랑을 보여주어야 한다. 왜냐하면 복음을 받아들이지 않으면 그들은 멸망할 수밖에 없기 때문이다. 이런 이유로 바울은 "각 사람"(골 1:28)을 권하고 가르쳤다. 이는 그가 사도였기 때문이 아니라 모든 사람이 그의 이웃이기 때문이었다.

복음을 긴급히 전해야 하는 이유는 언제 멸망할지 모르는 이웃의 처지가 참으로 절박하기 때문이다.

셋째, 하나님이 주권적으로 구원 은혜를 베푸신다는 신앙은 복음 초청의 진정성에 아무런 영향을 미치지 않는다. 선택의 교리나 속죄의 범위와 관련해 우리가 무엇을 믿든 "누구든지 주의 이름을 부르는 자는 구원을 받으리라"(롬 10:13)는 말씀대로 하나님이 복음에 귀 기울이는 자들에게 그리스도를 제시하시고 칭의와 생명을 약속하신다는 사실은 조금도 변하지 않는다.

하나님은 어디서나 모든 사람에게 회개를 명하신다. 그와 마찬가지로 하나님은 어디서나 모든 사람에게 그리스도께 나와 자비를 얻으라고 초청하신다. 이 초청은 죄인들을 위한 것이다. 하지만 아무 구별 없이 모든 죄인에게 보편적으로 적용된다. 특별한 죄인들, 곧 행실을 고친 죄인들이나 뉘우치는 마음을 지닌 죄인뿐만이 아니라 죄인이면 누구나 구원 초청을 받을 수 있다. 다음의 찬송가는 이 점을 잘 노래하고 있다.

"양심을 따지며 머뭇거리지 말라.

자격일랑은 생각하지 말라.

주님이 요구하시는 자격은

그분을 필요로 하는 마음뿐이니."⁵⁾

복음 초청이 아무 대가 없이 무한정 이루어진다는 사실은 하나님의 은혜의 계시로서 복음이 지니는 큰 영광이 아닐 수 없다. 예수님은 죄인들을 영접하신다. 존 번연은 "예수 그리스도께 오라. 그분께 온 것을 환영한다"는 표현을 제목으로 삼아 책을 저술했다(이 책은 『내게로 오라』로 번역되었다-역주).

성공회의 경우 성찬식을 거행하는 도중에 성직자가 위로의 말씀을 전하는 은혜로운 시간이 있다. 회중이 먼저 강렬한 표현으로 하나님께 죄를 고백하면 성직자가 회중을 향해 몸을 돌이켜 하나님의 약속을 선언하는 순서가 이어진다.

> **회중** : "우리의 허다한 죄와 사악함으로…주님의 진노를 자초했나이다. …그 진노의 무게를 감당할 수 없사오니 자비를 베푸소서. 자비를 베푸소서."

성직자 : "우리의 구원자이신 그리스도께서 자기에게 진정으로 나오는 모든 자에게 건네신 위로의 말씀을 들으십시오.

'수고하고 무거운 짐 진 자들아 다 내게로 오라 내가 너희를 쉬게 하리라' (마 11:28).
'하나님이 세상을 이처럼 사랑하사 독생자를 주셨으니 이는 그를 믿는 자마다 멸망하지 않고 영생을 얻게 하려 하심이라' (요 3:16).

또한 바울 사도는 이렇게 말했습니다.

'미쁘다 모든 사람이 받을 만한 이 말이여 그리스도 예수께서 죄인을 구원하시려고 세상에 임하셨다 하였도다' (딤전 1:15).

또한 요한 사도는 이렇게 말했습니다.

'만일 누가 죄를 범하여도 아버지 앞에서 우리에게 대언자가 있으니 곧 의로우신 예수 그리스도시라' (요일 2:1)."

이들 말씀이 위로가 되는 이유는 무엇인가? 모두 하나님의 말씀이고, 또한 모두 사실이기 때문이다. 이들 말씀은 성찬에 참여하는 신자들이 믿어야 할 약속과 확신이다. 성례는 이들 말씀을 확증한다.

이 약속들에서 주목해야 할 몇 가지 내용이 있다.

먼저 이들 약속이 가리키는 실재에 주목해야 한다. 이들 약속이 대변하는 신앙의 대상은 단지 정통 교리, 즉 그리스도의 대속의 죽음에 관한 진리가 아니다. 신앙의 대상은 정통 교리를 뛰어넘는다. 십자가에서 이루어진 속죄 사역의 효과를 적용하시는 분은 바로 살아 계신 그리스도, 곧 죄인들의 완전한 구원자이시다.

"내게로 오라" (마 11:28).

"그는 우리 죄를 위한 화목 제물이니" (요일 2:2).

이들 약속은 십자가가 아니라 십자가에 못 박히신 그리스도를 믿도록 인도한다. 즉 교리로 설명되는 그리스도의 구원 사역이 아니라 구원 사역을 이루신 그리스도를 의지하게 한다.

또한 이들 약속의 보편성에 주목해야 한다. 이들 약속은 그리스도를 필요로 하는 이들, 곧 죄인의 신분으로 그분께 진정으로 나오는 모든 이들에게 그분을 제시한다. 구원의 문은 회개와 믿음을 거부하는 사람들을 제외한 모든 사람에게 활짝 열려 있다.

어떤 사람들은 영원한 선택과 유기의 교리가 그리스도께 나오기를 원하는 사람들 중 얼마가 선택받지 못했기에 그분이 거절하실 가능성을 내포하고 있다고 우려한다. 하지만 복음의 약속에 담긴 위로의 말씀들은 그런 가능성을 단호히 일축한다. 우리 주님은 "내게 오는 자는 내가 결코 내쫓지 아니하리라"(요 6:37)고 확실하게 말씀하셨다.

하나님이 구원하실 사람들을 영원 전에 선택하셨다는 것은 사실이다. 그리스도께서는 성부 하나님이 자기에게 주신 이들을 구원하기 위해 오셨다. 하지만 그분은 자신을 모든 사람의 구원자로 값없이 내어주셨으며, 자기를 믿는 사람들을 영광스럽게 하겠다고 약속하셨다. 주님은 이 두 가지 사상을 다음의 말씀 안에 나란히 병치하셨다.

"내가 하늘에서 내려온 것은 내 뜻을 행하려 함이 아니요 나를 보내신 이의 뜻을 행하려 함이니라 나를 보내신 이의 뜻은 내게 주신 자 중에 내가 하나도 잃어버리지 아니하고 마지막 날에 다시 살리는 이것이니라 내 아버지의 뜻은 아들을 보고 믿는 자마다 영생을 얻는 이것이니 마지막 날에 내가 이를 다시 살리리라"(요 6:38-40).

"내게 주신 자"라는 표현은 그리스도의 구원 사역을 선택받은 자, 곧 그분이 구원하실 이들의 관점에서 정의한다. 한편 "아들을 보고 믿는 자"라는 표현은 그리스도께서 자신을 차별 없이 내어주시는 이들, 곧 타락한 인류의 관점에서 그분의 구원 사역을 정의한다. 누구든지 그리스도를 믿으면 그분은 그를 구원하신다.

두 가지 진리가 말씀 안에 나란히 나타나 있다. 둘은 서로 상충되지 않는다. 오히려 서로 밀접하게 관련된다. 둘 다 서로의 진정성을 훼손하거나 서로를 배제하지 않는다. 그리스도께서는 성부 하나님이 주신 자들을 구원하실 뿐 아니라 자기를 보고 믿는 이들을 구원하신다.

무조건적 선택과 제한 속죄를 옹호하는 글을 썼던 청교도 존 오웬은 비신자들을 상대로 이렇게 말했다.

"그리스도께서는 무한한 겸손과 사랑으로 여러분에게 자기에게 나와 생명과 구원과 자비와 은혜와 평화와 영원한 구원을 얻으라고 초청하신다. …예수 그리스도께서는 죄인들 앞에 서시어 여러 가지 선언과 말씀을 통해 자기에게 나오도록 부르시고, 초청하시고, 격려하신다. 지금도 그분은 여러분에게 이렇게 말씀하신다.

'왜 죽으려고 하느냐? 왜 멸망하려고 하느냐? 왜 너희의 영혼을 불쌍히 여기지 않느냐? 너희 마음이 다가올 진노를 감당할 수 있느냐? 그 진노 앞에서 너희 손을 강하게 할 수 있느냐? …나를 바라보라. 그러면 구원을 얻으리라. 나에게 오라. 너희의 죄와 슬픔과 두려움과 무거운 짐을 모두 없애 너희 영혼을 편히 쉬게 하리라. 권하노니 내게 오라. 주저하거나 지체하지 말라. 나를 더 이상 피하지 말라. 너희 문 앞에 영원한 생명이 놓여 있다. 나를 미워하지 말라. 멸망의 길을 고집하지 말고 나의 구원을 받아들여라.'

그리스도께서는 항상 그렇게 말씀하시고, 선언하시고, 간청하시고, 죄인들을 권고하신다. …그분은 말씀을 가르치실 때 마치 여러분과 함께 계셨고, 여러분 가운데 거하셨고, 여러분 각자에게 개인적으로 말씀을 전하셨던 것처럼 하신다. …그분은 복음의 사역자들을 임명해 여러분에게 보내시고, 자기를 대신해 여러분을 상대로 사역하게 하신다. 주님은 자기의 이름으로 여러분에게 주어진 초청을 자신이 직접 하신 초청으로 인정하신다(고후 5:19-20 참조)."[6]

진실로 그렇다. 그리스도의 초청은 하나님의 말씀이다. 초청의 말씀은 사실이다. 그것은 말씀의 내용 그대로 진정한 초청이다. 이 초청의 말씀이 비신자들에게 주어졌다. 이 사실은 하나님이 주권적으로 구원 은혜를 베푸신다는 신앙과 충돌하지 않는다.

넷째, 하나님이 주권적으로 구원 은혜를 베푸신다는 신앙은 복음을 듣고 반응해야 할 죄인의 책임에 아무런 영향을 미치지 않는다. 선택의 교리와 관련해 우리가 무엇을 믿든 그리스도를 거부하는 사람은 스스로를 단죄하는 결과를 낳는다. 성경을 믿지 않는 것은 죄다. 비신자들은 자신이 선택받지 못했다는 이유를 변명으로 내세울 수 없다. 그들은 복음 안에서 생명의 제안을 받았다. 만일 그 제안을 받아들였다면 생명을 얻을 수 있었다. 제안을 거부한 것에 대한 책임은 다른 사람이 아닌 자신의 몫이다. 따라서 제안을 거부한 결과 역시 모두 자신이 감당해야 한다. 라일 감독은 이렇게 말했다.

"인간이 자신의 영혼을 잃을 수 있다는 것은 중요한 원리다. 누군가가 구원받지 못했다면 그것은 그의 잘못이다. 그 피 값이 그의 머리로 돌아갈 것이다. 선택의 교리를 가르치는 성경 안에 '이스라엘 족속아 너희가 어찌하여 죽고자 하느냐'(겔 18:31), '너희가 영생을 얻기 위하여 내게 오기를 원하지 아니하는도다'(요 5:40), '그 정죄는 이것이니 곧 빛이 세상에 왔으되 사람들이 자기 행위가 악하므로 빛보다 어둠을 더 사랑한 것이니라'(요 3:19)와 같은 말씀이 기록되어 있다.

성경은 죄인들이 선택을 받지 못했기 때문에 천국에 들어가지 못하는 것이라고 결코 가르치지 않는다. 그들이 천국에 들어가지 못하는 이유는 '큰 구원을 등한시했기' 때문에, 곧 회개하고 믿지 않았기 때문이다. 마지막 심판이 이루어지면 비신자들이 멸망하게 된 이유가 하나님의 선택을 받지 못했기 때문이 아니라 그들 자신이 그리스도께 오기를 거부하고 나태한 삶을 일삼으며 죄를 사랑했기 때문이라는 것이 명백히 밝혀질 것이다."[7]

하나님은 사람들에게 그들이 선택한 것과 정반대의 것을 허락하지 않으신다. 그분은 그들이 선택한 것을 받게 하신다. 따라서 죽음을 선택한 자들이 하나님으로부터 생명을 받지 못하는 것은 자업자득이다. 하나님의 주권 교리는 이런 상황에 아무 영향도 미치지 않는다.

부정적인 명제는 이쯤 해두고 이번에는 긍정적인 명제를 생각해 보자.

긍정적인 명제

"구원 은혜를 베푸시는 하나님의 주권은 복음전도의 성공을 약속하는 유일한 희망이다."

어떤 사람들은 하나님의 주권적 은혜를 믿으면 복음전도가 아무 소용이 없을 것이라고 우려한다. 하나님이 선택받은 사람들만 구원하실 것이라는 이유에서다. 그러나 앞서 지적한 대로 이런 생각은 그릇된 추론에서 비롯한 그릇된 결론이다.

사실은 그와 정반대다. 하나님의 주권적 은혜는 복음전도를 무익하게 만들기는커녕 오히려 복음전도가 무익하게 되지 않도록 예방한다. 다시 말해 복음전도가 확실히 결실을 맺을 수 있도록 보장한다. 하나님의 주권적 은혜가 없다면 복음전도는 가장 무익하고 헛된 일이 되고 말 것이다. 그렇게 된다면 세상에서 기독교의 복음을 전파하는 것보다 더 큰 시간 낭비는 없을 것이다.

왜일까? 그 이유는 죄에 빠진 인간의 영적 무능력 때문이다. 가장 위대한 복음전도자 바울의 설명을 들어보자. 그에 따르면 타락한 인간은 생각이 어둡게 된 탓에 영적 진리를 이해할 수 없다.

> "육에 속한 사람은 하나님의 성령의 일들을 받지 아니하나니 이는 그것들이 그에게는 어리석게 보임이요, 또 그는 그것들을 알 수도 없나니 그러한 일은 영적으로 분별되기 때문이라" (고전 2:14).

타락한 인간은 부패하고 경건하지 못한 본성을 지녔다.

> "육신의 생각[거듭나지 못한 사람의 생각]은 하나님과 원수가 되나니 이는 하나님의 법에 굴복하지 아니할 뿐 아니라 할 수도 없음이라" (롬 8:7).

그렇다면 그 결과는 무엇일까? 이어지는 로마서 8장 8절은 이렇게 대답한다.

> "육신에 있는 자들은 하나님을 기쁘시게 할 수 없느니라" (롬 8:8).

이들 말씀에서 바울은 타락한 인간에 관한 두 가지 사실을 진술했다. 첫째, 그는 거듭나지 못한 사람의 무능력을 당연시했다. 거듭나지 못한 사람은 하나님의 성령의 일들을 받지 않고, 하나님의 법에 굴복하지 않는다.

아울러 바울은 둘째 사실을 토대로 첫째 사실을 해석함으로써 인간의 무능력이 본성에서 나오는 필연적 결과라는 사실을 보여주었다. 인간의 무능력은 불가피하고 절대 변하지 않는 보편적 성향이다. 인간에게는 본성을 거슬러 행동할 수 있는 능력이 없다. 인간은 하나님의 성령의 일들을 알 수도 없고, 하나님의 법에 굴복할 수도 없다.

아담의 후손인 인간은 영적 현실을 이해하거나 마음으로부터 하나님의 법에 굴복할 수 있는 능력이 없다. 하나님과 반목하고 그분을 저버리는 행위는 인간의 본성이다. 따라서 인간은 하나님의 진리를 억누르고 피하고 부인할 뿐 아니라 그분의 권위를 거부하고, 그분의 율법을 우습게 여길 수밖에 없다. 복음을 들을 때도 믿지 않고 불순종하기는 마찬가지다. 인간은 본래 그렇다.

바울은 인간이 "허물과 죄"(엡 2:1)로 죽었다고 말했다. 인간은 하나님의 말씀에 긍정적으로 반응할 능력이 없다. 인간에게는 하나님의 말씀을 들을 귀가 없고, 하나님의 계시를 볼 눈이 없다. 인간은 하나님의 자극에 무감각하다. 시체에게 말을 걸면 아무 반응이 없듯 죄인에게 하나님의 말씀을 전할 때도 반응이 없기는 마찬가지다. 죄인은 죄와 허물로 죽어 있는 상태다.

그뿐만이 아니다. 바울은 사탄이 죄인들을 자연 상태로 붙잡아두려고 끊임없이 활동하고 있다고 말했다(바울은 사탄의 능력과 악의를 결코 과소평가하지 않았다). 사탄은 "지금 불순종의 아들들 가운데서 역사"(엡 2:2)하고 있다. 그의 목적은 하나님의 율법에 복종하지 못하는 상태를 계속 유지하게 하는 데 있다. 바울은 이렇게 말했다.

> "그중에 이 세상의 신이 믿지 아니하는 자들의 마음을 혼미하게 하여 그리스도의 영광의 복음의 광채가 비치지 못하게 함이니" (고후 4:4).

따라서 복음전도의 성공을 방해하는 데는 두 가지 요인이 있다. 하나는 하나님을 거역하려는 인간의 불가피한 본성이고, 다른 하나는 인간을 불신앙과 불순종의 상태로 붙잡아두려는 사탄의 적극성이다.

그렇다면 이런 현실은 복음전도와 관련해 어떤 의미를 지닐까? 이는 지금까지 설명해 온 복음전도가 성공을 거둘 가능성이 매우 희박하다는 사실을 뜻한다.

우리가 아무리 분명하고 설득력 있게 복음을 전해도 누군가를 회심으로 이끌거나 확신을 갖게 만들 가능성은 거의 없다. 우리가 아무리 열심히 복음을 전한들 인간의 삶을 지배하는 사탄의 권세를 깨뜨릴 수 있겠는가? 그럴 수 없다. 우리가 아무리 인내심을 가지고 설명한들 죄인에게 복음의 진리를 확신시킬 수 있겠는가? 그럴 수 없다. 우리가 아무리 간절히 권유한들 사람들이 복음에 복종하기를 기대할 수 있겠는가? 그럴 수 없다.

이런 엄연한 사실을 직시하고 깊이 생각하지 않으면 우리의 복음전도는 현실적이 될 수 없다. 교사가 학생들에게 수학이나 문법을 가르치는데 배우는 속도가 제아무리 느려도 언젠가는 학습 내용을 이해할 가능성이 있다면 그는 용기를 내 계속해서 그들을 교육할 것이다. 우리가 시도하는 일이 궁극적으로 결실을 거두리라는 가능성이 엿보일 때는 큰 인내심을 발휘해 계속 노력할 수 있다. 하지만 복음전도의 경우에는 그런 가능성이 전혀 없다. 복음전도를 인간의 일로 생각하면 어떤 희망도 발견하기 어렵다.

복음전도는 원리상 원하는 결과를 낳을 수 없다. 물론 명확하고, 매혹적이고, 유창하게 설교 말씀을 전할 수는 있다. 가장 정확하고 도전적인 방법으로 개인에게 복음을 전할 수도 있다. 특별 집회를 마련하고, 전도지를 돌리고, 전단지를 붙이고, 온 나라에 광고를 할 수도 있다. 하지만 그런 모든 노력이 단 한 영혼이라도 하나님께 인도할 수 있는 전망은 눈곱만큼도 없다. 뭔가 우리의 노력을 넘어서는 다른 요인이 개입하지 않는다면 복음전도는 아무 결실도 거두지 못할 것이 분명하다. 이는 우리가 직시해야 할 엄연한 사실이다.

나는 여기에서 오늘날 복음주의 진영의 복음전도를 무기력하게 만드는 폐단을 발견한다. 우리의 복음전도가 심각한 상태에 직면했다는 점에는 모두 의견을 같이하지만, 문제의 원인이나 해결책에 대해서는 의견이 엇갈린다.

앞서 살펴본 대로 어떤 사람들은 하나님의 주권적 은혜를 믿는 신앙이 최근 다시 부활한 데 근본 원인이 있다고 생각한다. 이는 무조건적 선택과 유효 소명을 새롭게 강조하는 신앙을 말한다. 따라서 그들은 그런 신앙을 논박하고 억제해 사람들이 그런 교리를 너무 진지하게 믿지 못하게 해야 한다고 생각하는 것 같다. 하지만 과거에 가장 위대했던 복음전도자들과 선교사들은 대부분 그런 교리를 굳게 지지했다. 따라서 그들의 진단이 옳다거나 제안된 해결책이 적절하다고 판단하기는 매우 어렵다. 더욱이 복음전도는 그런 신앙이 새롭게 부활하기 오래전, 즉 양대 세계대전이 발발하던 그즈음부터 침체기로 접어들었다.

한편 어떤 사람들은 유행처럼 번지는 전도 집회에 문제가 있다고 생각한다. 그들은 인위적으로 만든 쾌활한 분위기 대신 엄숙한 분위기를 회복하고 결신 초청, 결신 상담, 집회 이후에 이어지는 모임 등을 폐지하면 자연스럽게 복음전도가 올바른 궤도를 찾을 것이라고 생각한다.

그러나 나는 오늘날의 복음전도가 문제에 봉착하게 된 근본 원인이 좀 더 깊은 곳에 놓여 있다고 생각한다. 즉 복음전도를 인간의 일로 생각하는 한 결국 실패할 수밖에 없다는 점을 오랫동안 고려하지 않은 탓에 스스로 환멸을 느끼고 용기를 잃은 것이 아닌가 한다. 우리는 이런 우리의 실상을 인정하기를 거부한다. 이 점을 좀 더 설명하면 다음과 같다.

그동안 복음주의 신자들은 복음전도를 짧은 기간 동안 집중해서 이행할 때 가장 잘할 수 있는 특별 활동(선교 운동이나 전도 운동)으로 생각해 왔다. 그 결과 설교를 할 때나 개인 전도를 할 때 복음전도를 성공으로 이끌 수 있는 특별한 기술이 필요하다는 의식이 발전했다.

이 시기의 초창기에 복음주의자들은 정기적으로 기도를 드리고, 올바로 실행하기만 하면(즉 복음전도의 특별한 기술을 잘 적용하기만 하면) 성공적으로 복음을 전할 수 있다고 생각했다. 그 이유는 당시 무디, 토레이, 해슬럼, 헤이 에이트컨 등을 통해 복음 운동이 큰 성공을 거두었기 때문이다. 물론 그런 성공은 복음 전도가 잘 짜인 계획 아래 진행되었기 때문이 아니라(현대의 관점에서 바라보면 그들의 복음전도는 엉성했던 적이 더 많았다) 당시 영국에서 오늘날에는 보기 힘든 하나님의 역사가 일어났기에 가능했다.

하지만 그 당시조차도 어느 장소에서든 두 번째 전도 운동이 첫 번째 전도 운동보다 더 큰 성과를 거두었거나, 세 번째 전도 운동이 두 번째 전도 운동보다 더 큰 성과를 거둔 적은 없었다. 특히 지난 반세기 동안 영국이 기독교 신앙에서 점점 더 멀어지면서 수확 체감의 법칙이 훨씬 더 맹렬하게 그 위세를 떨치기에 이르렀다. 복음 운동은 갈수록 수확이 줄어들었다. 이런 사실은 우리를 의기소침하게 만들었다.

우리가 그렇게 의기소침해진 이유는 무엇일까? 그 이유는 이런 결과를 맞이할 마음의 준비가 되어 있지 않았기 때문이다. 우리는 훌륭한 조직을 갖추고, 효율적인 기술을 적용하고, 정기적인 기도로 뒷받침하면 저절로 성공이 보장될 것이라고 생각했다. 특별 집회, 특별 성가대와 독창 가수, 특별 설교자가 마법과 같은 효력을 발휘한다는 것이 우리의 생각이었다. 우리는 영적으로 죽어 있는 교회나 마을에 생명을 불어넣을 수 있는 것은 오직 집중적인 복음 운동밖에 없다고 믿었다.

우리의 머릿속에는 여전히 그런 생각이 도사리고 있다. 우리는 서로서로 그런 생각을 나누며 그것을 바탕으로 계획을 세운다. 하지만 우리의 마음 한구석에서는 점차 용기가 사라지고 있고, 이대로는 안 된다는 불안감이 고조되고 있다. 전에는 잘 계획된 복음전도는 틀림없이 성공을 거둔다고 생각했지만 오늘날에는 마치 전에 종종 실패를 경험했듯 매번 실패할까 봐 두려워한다.

그럼에도 불구하고 우리는 두려움을 스스로 인정하기를 주저한다. 왜냐하면 우리가 계획한 복음전도가 실패하는 상황을 어떻게 다루어야 할지 모르기 때문이다. 따라서 우리는 두려움을 애써 억누르려고 한다. 그러는 동안 실패에 대한 자각은 생각을 마비시키는 신경증으로 발전하고, 우리의 복음전도는 진부하고 미온적인 일상이 되어버린다.

간단히 말해 문제의 근본 원인은 우리가 하는 일의 가치를 의심하면서도 그 사실을 선뜻 인정하려고 하지 않는 데 있다.

우리가 그렇게 의심하는 이유는 무엇일까? 그 이유는 실패에 대한 자각 때문이다. 그러면 그러한 자각은 어떻게 생겨났을까?

그것은 한때 우리가 전폭적으로 신뢰했던 복음전도의 기술이 거듭 실패하는 과정을 거치면서 생겨났다.

이런 상황을 극복할 수 있는 해결책은 무엇일까? 첫째, 탁월한 복음전도의 기술을 적용하면 쉽게 회심을 이끌어낼 수 있다는 생각이 어리석었다는 점을 기꺼이 인정해야 한다. 둘째, 인간의 마음은 하나님의 말씀에 무감각하기 때문에 설혹 우리의 복음전도가 회심을 이끌어내지 못하더라도 조금도 놀랄 필요가 없다는 점을 이해해야 한다. 셋째, 우리에게 주어진 소명의 조건은 성공이 아니라 충성이라는 점을 기억해야 한다. 넷째, 우리는 복음전도가 결실을 맺기를 바라는 소망을 온전히 하나님의 전능하신 은혜에 두는 법을 배워야 한다. 왜냐하면 하나님은 인간이 할 수 없는 일을 행하시기 때문이다. 하나님은 타락한 인간의 마음속에서 말씀과 성령을 통해 역사하심으로 인간을 회개와 믿음으로 인도하신다. 믿음은 하나님의 선물이다.

바울은 빌립보 신자들에게 "그리스도를 위하여 너희에게 은혜를 주신 것은 다만 그를 믿을 뿐 아니라"(빌 1:29)라고 말했다. 그는 또 에베소 신자들에게 "너희는 그 은혜에 의하여 믿음으로 말미암아 구원을 받았으니 이것은 너희에게서 난 것이 아니요 하나님의 선물이라"(엡 2:8)고 말했다.[8]

아울러 베드로는 산헤드린 의원들에게 "이스라엘에게 회개함과 죄 사함을 주시려고 그를 오른손으로 높이사 임금과 구주로 삼으셨느니라"(행 5:31)고 말했다. 예루살렘 교회는 베드로가 보내심을 받아 고넬료에게 가서 복음을 전했을 때 고넬료가 그의 복음전도를 듣고 회개한 사실을 보고받은 후 "그러면 하나님께서 이방인에게도 생명 얻는 회개를 주셨도다"(행 11:18)라고 말하며 하나님께 영광을 돌렸다.

우리는 우리 자신의 말로 죄인을 회개시켜 그리스도를 믿게 할 수 없다. 오직 하나님만이 성령을 통해 인간의 마음에 회개와 믿음을 허락하실 수 있다.

바울은 이런 하나님의 사역을 소명이라 일컬었다. 옛 신학자들은 이를 "유효 소명"으로 일컬어 복음의 말씀을 들었지만 그 마음속에서 하나님의 사역이 이루어지지 않아 구원에 이르지 못하는 경우와 구별했다. 유효 소명이란 하나님이 죄인에게 복음의 초청을 이해하고 받아들일 수 있게 하시는 사역을 가리킨다. 이는 창조적인 능력이 살아 움직이는 사역이다.

하나님은 그런 사역을 통해 사람들에게 새 마음을 주시고, 죄의 속박에서 해방하시며, 진리의 말씀을 이해하고 행할 수 있는 능력을 허락하시고, 그리스도께 나와 그분을 구주로 영접하게 하신다. 또한 하나님은 죄인들을 속박하는 사탄의 결박을 깨뜨리시어 사람들을 어둠의 나라에서 "그의 사랑의 아들의 나라"(골 1:13)로 옮기신다. 이것이 죄인의 반응을 불러일으키는 유효 소명이다. 유효 소명은 죄인을 구원의 축복으로 초청한다.

유효 소명은 종종 "선행 은총"으로 불린다. 왜냐하면 죄인의 마음이 하나님을 향해 움직이기에 앞서 일어나기 때문이다. 그 밖에도 유효 소명은 "불가항력적 은혜"라고 불리기도 한다. 왜냐하면 은혜를 거부하는 성향을 모두 없애주기 때문이다. 『웨스트민스터 신앙고백』은 이를 타락한 인간에 대한 하나님의 역사로 일컬으면서 다음과 같이 설명한다.

"그들의 생각을 영적으로, 구원적으로 밝혀 하나님의 일들을 이해하게 하시고, 돌 같은 마음을 제거하시고 살같이 부드러운 마음을 주시며, 그들의 의지를 새롭게 하시고, 전능하신 능력으로 그들이 선한 일을 하도록 결심하게 하시며, 그들을 예수 그리스도께로 효과적으로 인도하신다. 하지만 은혜로 기꺼이 그렇게 하도록 이끄시어 그들이 자유롭게 나오게 하신다."[9]

그리스도께서도 말씀과 성령으로 이루어지는 유효 소명의 보편적 필요성을 가르치셨다.

"나를 보내신 아버지께서 이끌지 아니하시면 아무도 내게 올 수 없으니"(요 6:44).

예수님은 또한 다음의 말씀으로 유효 소명의 보편적 효과를 언급하셨다.

"아버지께 듣고 배운 사람마다 내게로 오느니라"(요 6:45).

그리고 "아버지께서 내게 주시는 자는 다 내게로 올 것이요"(요 6:37)라는 말씀으로 유효 소명의 보편적 확실성을 가르치셨다. 이는 죄인들이 예수님의 말씀을 듣고 마음이 움직여 그분을 믿게 될 것이라는 뜻이다. 이것이 성부 하나님의 목적이자 성자 하나님의 약속이다.

바울은 유효 소명을 하나님의 선택의 목적이 이루어지는 과정으로 설명했다. 그는 로마의 신자들에게 이렇게 말했다.

"하나님이 미리 아신 자들을 또한 그 아들의 형상을 본받게 하기 위하여 미리 정하셨으니…또 미리 정하신 그들을 또한 부르시고 부르신 그들을 또한 의롭다 하시고 의롭다 하신 그들을 또한 영화롭게 하셨느니라"(롬 8:29-30).

아울러 데살로니가 신자들에게도 이렇게 말했다.

"하나님이 처음부터 너희를 택하사 성령의 거룩하게 하심과 진리를 믿음으로 구원을 받게 하심이니 이를 위하여 우리의 복음으로 너희를 부르사 우리 주 예수 그리스도의 영광을 얻게 하려 하심이니라"(살후 2:13-14).

바울은 소명의 원인자는 하나님이시고, 소명의 수단은 복음이며, 소명의 결과는 영광을 얻는 권리라고 말했다.

하지만 바울은 타락한 인간이 죄와 사탄에게 속박된 상태라는 사실을 분명히 인식했으면서도 실망하거나 좌절하지 않았다. 그는 복음전도가 가망 없는 일이라는 생각에 점차 깊이 빠져들고 있는 우리와는 달리 조금도 위축되지 않았다.

그 이유는 무엇일까? 바울은 하나님의 주권적 은혜를 굳게 바라보았기 때문이다. 그는 하나님이 이미 오래전에 "내 입에서 나가는 말도 이와 같이 헛되이 내게로 되돌아오지 아니하고 나의 기뻐하는 뜻을 이루며 내가 보낸 일에 형통함이니라"(사 55:11)고 말씀하신 것을 기억했다. 그는 이런 이치가 하나님의 다른 말씀은 물론 복음에도 고스란히 적용된다고 확신했다. 그는 자신의 복음전도가 아무 열매 없이 끝나지 않을 것을 알았다. 따라서 복음의 말씀이 선포되는 곳마다 하나님이 죽은 심령들을 일으키실 것이라고 믿어 의심치 않았다.

바울은 복음의 말씀이 그 말씀을 듣는 이들에게 생명을 준다는 사실을 알았다. 따라서 큰 기대를 품고 담대한 태도로 열심히 복음을 전할 수 있었다. 때로 힘든 시련과 많은 박해가 찾아오고 눈에 띄는 결실이 없는 상황에서도 그는 두려워하거나 실망하지 않았다. 왜냐하면 어느 곳을 가든지 그리스도께서 자신을 위해 전도의 문을 열어주실 것이라고 확신했기 때문이다. 즉 그는 죄인들을 구원하는 것이 그리스도의 목적이라는 사실을 잊지 않았다. 복음의 말씀은 헛되이 돌아올 리가 없었다. 따라서 그의 임무는 추수의 때가 오기까지 인내하며 충실하게 복음을 전하는 것이었다.

그는 한때 고린도에서 힘든 시련에 부딪쳤다. 약간의 회심자들을 얻었지만 박해의 강도가 갈수록 더욱 고조되었다. 심지어 불굴의 의지를 지녔던 바울조차 그곳에서 계속 복음을 전해야 할지 의심이 들 정도였다. 그런 상황에서 그에게 계시가 주어졌다.

> "밤에 주께서 환상 가운데 바울에게 말씀하시되 두려워하지 말며 침묵하지 말고 말하라 내가 너와 함께 있으매 어떤 사람도 너를 대적하여 해롭게 할 자가 없을 것이니 이는 이 성 중에 내 백성이 많음이라 하시더라"(행 18:9-10).

이는 "바울아, 말씀을 전하고 가르치는 일을 계속하라. 아무것도 너를 막을 수 없을 것이다. 너의 전도를 통해 나에게로 이끌 백성이 이곳에 많도다"라는 뜻이다. 래컴은 "누가는 이 말씀을 통해 하나님의 선행적 선택을 강조했다"고 주해했다(행 13:48 참조).[10]

누가의 기록은 바울의 확신을 드러낸다. 그의 확신은 그리스도께서 자기에게 허락하신 확신에 근거했다. 이처럼 바울은 영적 귀가 먼 이들에게 복음을 전하고, 영적 눈이 먼 이들에게 그리스도를 제시하고, 돌처럼 단단한 이들의 마음을 움직이려 하면서도 하나님의 주권적 은혜를 굳게 확신했기에 성공의 희망을 품을 수 있었다. 그는 그리스도께서 자신을 보내신 그곳에 그분의 백성이 존재한다는 사실을 알고 있었다. 지금은 죄의 사슬에 묶여 있지만 정해진 때가 이르러 복음의 빛이 어둠을 환히 밝히고 그리스도께서 구원을 베푸시면 그들의 마음이 새롭게 변화할 것이라고 확신했다.

찰스 웨슬리는 회심을 경험한 직후에 다음과 같은 위대한 찬송가를 지어 그 경험을 노래했다.

> "오랫동안 저의 영혼은
> 죄와 본성의 어둠에 단단히 묶여 있었으나
> 주님의 눈에서 생명의 빛이 뿜어 나와
> 캄캄한 뇌옥이 빛으로 환히 빛나는 순간 저는 깨어났습니다.
> 저의 사슬이 풀리고 마음이 자유를 얻은 덕분에
> 제가 일어나 나아가 주님을 좇았습니다."[11]

이는 생생한 경험의 진술이자 탁월한 신학 사상이 아닐 수 없다. 이 가사는 거듭나지 않은 사람들에게 복음이 전해질 때 일어나는 현상을 정확히 설명한다. 바울은 이를 잘 알고 있었다. 이것이 그가 복음을 전할 때 자신감과 기대를 잃지 않았던 이유다.

우리도 바울처럼 자신감을 가져야 한다. 우리의 개인 전도 기술과 전도 집회가 제아무리 탁월하다 해도 그것들을 의지해서는 안 된다. 우리가 사용하는 방법이 신학적으로 아무 결함이 없다 해도 그 자체로는 회심을 일으킬 수 없다. 우리는 복음을 전할 때 죽은 자들을 살리시는 하나님을 의지해야 한다. 그분은 인간의 마음을 움직이는 전능하신 주님이시다. 그분은 자신이 정하신 때에 회심을 허락하신다. 따라서 복음전도의 노력이 헛되이 끝나지 않으리라고 확신하며 충실히 복음을 전하는 것이 우리의 소임이다. 이 점에서 하나님의 주권적 은혜의 교리는 복음전도와 밀접하게 관련된다.

복음을 전할 때 이런 자신감과 확신은 우리의 태도에 어떤 영향을 미칠까? 최소한 세 가지를 들 수 있다.

첫째, 우리를 담대하게 만든다. 우리가 흔히 경험하는 대로 사람들은 복음을 들을 때 처음에는 대개 무관심하거나 심지어는 경멸하는 태도를 보인다. 자신감과 확신은 사람들이 그런 반응을 보일지라도 움츠러들거나 놀라지 않게 해준다. 죄와 사탄에게 속박된 사람들은 자연히 그런 반응을 보일 수밖에 없다. 우리는 그런 상황에서도 실망하지 않는다. 왜냐하면 하나님의 은혜가 이기지 못할 마음은 없기 때문이다.

바울은 처음에는 복음의 원수였지만 그리스도께서 손을 대시자 즉시 죄를 뉘우치고 거듭났다. 우리도 그리스도인이 된 이후로 스스로의 마음이 얼마나 부패하고 거짓되고 비뚤어졌는지를 거듭 확인해 왔다. 그리스도인이 되기 전에 우리의 마음은 더 사악했다. 하지만 그리스도께서는 우리를 구원하셨다. 이 사실만으로도 그리스도께서 누구라도 능히 구원하실 수 있다고 확신하기에 충분하다. 따라서 우리는 비신자들에게 기회가 닿는 대로 열심히 복음을 전해야 한다.

우리는 어리석은 사람의 심부름을 이행하는 것이 아니다. 우리는 자신이나 상대방의 시간을 낭비하는 것이 아니다. 우리는 메시지를 부끄러워하거나 미온적이고 미안해하는 태도로 복음을 전할 필요가 없다. 우리는 성공을 기대하며 담대하고 자유롭고 자연스럽게 복음을 전할 이유가 충분하다. 왜냐하면 우리는 불가능할지라도 하나님은 능히 복음의 진리로 사람들을 구원하실 수 있기 때문이다. 그분의 진리는 가장 강퍅하게 보이는 사람조차도 회개시킬 수 있다. 따라서 하나님의 주권적 은혜를 믿는다면 마치 하나님의 손길이 미치지 않는 듯한 죄인이라 할지라도 희망을 포기하지 않을 것이다.

둘째, 우리를 인내하게 만든다. 자신감과 확신은 우리의 복음 전도가 즉각적인 반응을 불러일으키지 못하더라도 쉽게 물러서지 않도록 도와준다. 하나님은 정하신 때에 구원을 베푸신다. 그분이 우리처럼 바삐 서두르셔야 한다는 생각은 옳지 않다.

이 시대는 모든 것을 급하게 서두르는 경향이 있다. 오늘날은 실용적인 정신, 곧 어떤 요구든 빠른 결과를 기대하는 정신이 팽배해 있다. 일은 적게 하면서도 더 많은 것을 성취하려는 것이 현대의 이상이다. 현대는 노동을 줄이는 장치를 만들어 모든 것을 자동화함으로써 효율성을 극대화하는 시대다. 이런 시대적 특징은 시간과 지속적인 노력을 필요로 하는 일에 대해 조급하게 여기는 태도를 조장한다. 무엇이든 되는 대로 처리하려는 경향을 부추긴다. 따라서 우리는 철저한 노력이 필요한 일에 시간을 들이기를 싫어한다.

이러한 시대 정신은 복음전도를 비롯해 기독교 사역 전반에 심각한 영향을 미친다. 이것이 종종 불행한 결과가 초래되는 이유다. 우리는 사람들을 성급하게 그리스도께 인도하려고 서두르는 경향이 있다. 상대방이 즉각적인 반응을 보이지 않으면 금방 실망하고 조급해하며, 곧 흥미를 잃고 더 이상 공을 들여봐야 아무 소용이 없다고 결론짓는다. 따라서 즉시 노력을 포기하고 전도의 대상에서 제외시켜버린다. 이런 태도는 전적으로 잘못되었다. 이는 이웃에 대한 사랑은 물론 하나님을 믿는 믿음을 저버리는 것이다.

복음전도는 현대 그리스도인들이 일반적으로 보여주는 것보다 더 많은 인내와 참을성, 사랑과 관심을 요구한다. 복음전도는 신속한 결과가 약속되지 않은 과업이다. 따라서 신속한 결과가 나타나지 않는다고 해서 그것을 실패의 증거로 받아들일 필요는 없다. 복음전도는 사람들에 대해 무한히 인내할 준비가 되어 있지 않으면 결코 성공을 기대할 수 없는 일이다.

한 차례의 전도 설교, 한 차례의 진지한 대화만으로 누군가를 회개로 이끌 수 있다고 생각하면 큰 오산이다. 혹시 이처럼 믿음을 갖게 된 사람을 보았다면 아마도 그는 이미 많은 기독교의 가르침과 영혼의 활동을 통해 마음 밭이 준비된 상태였을 것이다. 그것은 "한 사람이 심고 다른 사람이 거둔다"(요 4:37)는 법칙이 적용된 경우다.

이와는 달리 마음 밭이 준비되지 않은 사람, 곧 복음의 진리를 들은 적이 없고, 복음에 대해 아무 생각도 없거나, 편견을 가진 사람을 만나는 경우에는 절대 그를 성급한 결신으로 몰고 가서는 안 된다. 혹시 그를 온갖 말로 위협해 심리적인 위기 속으로 몰아넣어 믿음을 고백하게 하더라도 그것은 구원 신앙이 아니기 때문에 그에게 전혀 유익이 되지 못한다.

그런 사람과는 시간을 두고 친분을 맺고, 늘 곁에서 지켜보면서 그의 영적 이해도가 어느 정도인지 파악한 뒤 복음전도를 시작해야 한다. 즉 적극적인 반응을 기대하기 전에 먼저 복음을 잘 설명함으로써 복음의 진리를 충분히 이해시켜 확신에 이르게 하는 과정이 필요하다. 그가 스스로 그리스도를 영접했고 그리스도께서 자기를 영접하셨다는 사실을 알기까지는 언제라도 기꺼이 그를 도울 준비가 되어 있어야 한다. 한 단계 한 단계를 거칠 때마다 아무리 더디게 느껴질지라도 기꺼이 하나님의 속도에 맞춰 그를 이끌어야 한다.

회심은 우리가 아니라 하나님의 몫이다. 우리의 임무는 단지 상대방의 삶 속에서 일하시는 하나님과 보조를 맞추는 것이다. 그런 식으로 인내한다면 이는 하나님을 신뢰하고 상대방을 사랑한다는 증거다. 인내할 준비가 되어 있지 않다면 하나님이 영혼들을 구원으로 인도할 수 있는 은혜를 우리에게 허락해 주실 것이라고 기대하지 않는 게 좋다.

그러면 복음전도에 이토록 중요한 인내심은 과연 어디에서 비롯할까? 그것은 하나님의 주권적 은혜와 그분의 말씀이 헛되이 돌아오지 않는다는 사실을 깊이 묵상하는 데서 비롯한다. 그리스도를 아는 지식을 다른 사람들에게 전하고자 할 때 그런 기회를 허락하시는 분은 바로 하나님이시다. 그분은 정하신 때에 그들을 깨닫게 하시어 믿음으로 인도하신다.

　하나님은 종종 우리의 인내심을 이용하신다. 아브라함에게 아들을 허락하시기까지 25년이 걸렸던 것처럼 친구들의 회심 등 우리가 갈망하는 것을 얻기 위해서는 종종 오랫동안 기다려야 한다. 따라서 다른 사람들을 믿음으로 인도하기 위해서는 인내심이 필요하다. 인내심을 가질 수 있는 방법은 값없이 주어지는 하나님의 주권적 은혜를 의식하며 사는 것이다.

　셋째, 우리를 기도하게 만든다. 서두에서 말한 대로 기도는 우리의 무력함과 필요를 고백하는 것이다. 즉 하나님을 의지할 수밖에 없는 우리의 무력함을 인정하고, 우리 스스로는 할 수 없는 일을 이루어달라고 그분의 전능하신 능력에 호소하는 것을 뜻한다.

　지금까지 말한 대로 복음전도와 관련해 우리는 한없이 무기력할 뿐이다. 우리의 복음전도가 효과를 나타내려면 하나님을 전적으로 의지해야 한다. 우리가 우리의 복음전도를 통해 죄인이 거듭나기를 기대할 수 있는 이유는 하나님이 그에게 새 마음을 주실 수 있기 때문이다. 우리는 이 사실을 기억하고 기도해야 한다. 그것이 하나님의 뜻이다. 하나님은 다른 일과 마찬가지로 복음전도에 있어서도 우리가 우리의 무력함을 인정하고 "오직 하나님을 의지하오니 주님의 이름을 영화롭게 하옵소서"라고 기도하기를 원하신다.

하나님은 우리가 기도하기 시작할 때까지 축복을 보류하시는 방법을 종종 사용하신다. 성경은 이렇게 말씀한다.

> "너희가 얻지 못함은 구하지 아니하기 때문이요"(약 4:2).
> "구하라 그리하면 너희에게 주실 것이요 찾으라 그리하면 찾아낼 것이요 문을 두드리라 그리하면 너희에게 열릴 것이니"(마 7:7).

만일 너무 교만하거나 나태해서 기도하지 않는다면 응답을 기대할 수 없다. 이것은 복음전도는 물론 다른 모든 일에 적용되는 보편적 원리다. 하나님이 우리의 수고를 축복하시기 전에 먼저 기도하게 하시는 이유는 우리가 모든 일에 항상 그분을 의존하고 있다는 사실을 늘 새롭게 인식시키시기 위해서다. 하나님이 혹시 회심의 열매를 거두게 하셨다면 우리는 그 공로를 우리의 재능이나 기술, 또는 지혜나 설득력이 아니라 하나님의 사역에 돌려야 한다. 우리는 마땅히 감사해야 할 분이 하나님이시라는 사실을 잊어서는 안 된다.

하나님의 주권적 은혜와 죄인을 구원으로 인도할 수 없는 우리의 무능력을 이해한다면 우리는 계속 기도하지 않을 수 없다.

그러면 우리는 무엇을 위해 기도해야 할까? 우리는 구원으로 인도하기를 원하는 심령들을 위해 성령께서 마음을 열어주시도록 기도해야 한다. 아울러 복음을 전하는 이들에게 성령의 능력과 권세가 임하기를 간구해야 한다.

바울은 데살로니가 신자들에게 "우리를 위하여 기도하기를 주의 말씀이 너희 가운데서와 같이 퍼져나가 영광스럽게 되고"(살후 3:1)라고 말했다. 그는 많은 결실을 맺은 위대한 복음전도자였지만 그 모든 일이 하나님께로부터 비롯했다는 사실을 확신했다. 또한 하나님이 자신과 자신이 복음을 전하는 이들 안에서 역사하시지 않는다면 아무도 구원으로 인도하지 못할 것이라는 사실을 잘 알고 있었다.

따라서 그는 자신의 복음전도가 열매를 맺게 해달라는 기도를 부탁했다. 또한 복음의 말씀이 자신의 전도와 사람들의 삶에 나타나는 효과를 통해 영광스럽게 되게 해달라는 기도를 요청했다. 이는 그의 복음전도를 통해 죄인들이 회심하는 역사가 일어나게 해달라는 부탁이었다. 바울은 그런 기도를 간절히 원했다. 왜냐하면 하나님이 주권적으로 은혜를 베푸시어 복음전도를 축복하시고 그것을 도구로 사용하시지 않으면 단 한 사람도 구원으로 인도할 수 없다는 사실을 알고 있었기 때문이다.

이처럼 바울은 하나님이 죄인들을 주권적으로 구원하시기 때문에 기도가 불필요하다고 외치지 않았다. 또한 하나님이 죄인들을 주권적으로 구원하시기 때문에 복음전도가 아무 소용이 없다고 주장하지도 않았다. 오히려 그는 죄인의 구원이 전적으로 하나님께 달려 있기 때문에 복음전도가 결실을 맺으려면 반드시 기도가 필요하다는 사실을 인식했다.

오늘날 바울처럼 죄인들을 그리스도께 인도하는 것이 하나님의 주권적인 역사라는 사실을 굳게 확신하는 사람들은 항상 충실하고 진지한 태도로, 말씀이 전파되는 곳에 하나님의 축복이 임해 죄인들이 거듭나는 역사가 일어나게 해달라고 열심히 기도함으로써 자신의 믿음을 입증해야 한다. 이것이 하나님의 주권적 은혜를 믿는 신앙이 복음전도와 관련을 맺는 마지막 이유다.

이 장의 서두에서 하나님의 주권 교리가 복음전도의 사명을 축소하거나 제한하지 않는다고 밝힌 바 있다. 사실 이 교리는 복음전도의 사명을 축소하기는커녕 도리어 확대한다. 우리는 복음전도의 사명에 두 가지 측면이 있다는 점을 기억해야 한다. 우리는 복음을 전해야 하는 사명만이 아니라 기도해야 하는 사명도 지니고 있다. 즉 사람들에게 하나님에 관한 진리를 전해야 하는 사명만이 아니라 사람들에 관한 일을 하나님께 말씀드려야 하는 사명도 가지고 있다.

전도와 기도는 병행되어야 한다. 그렇지 않으면 우리의 복음전도는 진리에 근거하지도 않고, 축복을 받지도 못할 것이다. 우리가 전도해야 하는 이유는 복음의 지식이 없이는 구원받을 수 없기 때문이고, 우리가 기도해야 하는 이유는 오직 성령의 주권적인 역사만이 우리의 전도를 통해 사람들을 구원으로 인도할 수 있기 때문이다. 하나님은 기도하지 않는 곳에는 성령을 보내지 않으신다.

오늘날의 복음주의자들은 복음전도의 방법을 혁신하기에 분주하다. 좋은 일이다. 하지만 하나님이 우리의 기도를 혁신하시어 우리에게 복음전도를 위해 기도할 수 있는 새 마음을 허락하지 않으신다면 그 어떤 방법도 결실을 거두기 어렵다.

우리의 복음전도가 새로운 돌파구를 찾으려면 가장 먼저 담대함과 인내와 능력과 권위와 사랑으로, 공적으로든 사적으로든 주님과 그분의 복음을 증언하는 법을 새롭게 배워야 한다. 또한 끈질긴 인내와 겸손으로 우리의 복음전도를 축복해 달라고 하나님께 기도하는 법을 새롭게 터득해야 한다. 이는 간단하면서도 어려운 일이다. 복음전도의 방법을 개혁하자는 논의가 지금까지 많이 있어왔고, 또 앞으로도 여전히 있어야 할 테지만 이것 없이는 돌파구를 찾을 수도, 더 이상 앞으로 나갈 수도 없다.

이제 우리의 논의는 한 바퀴를 돌아 제자리에 왔다. 우리는 기도가 하나님의 주권을 믿는 신앙의 표현이라는 데서 출발하여 그 신앙을 기도의 동기로 삼자는 결론에 이르렀다.

이 시점에서 우리는 하나님의 절대 주권을 믿는 신앙이 복음 전도를 위태롭게 한다고 생각하는 사람들에게 어떻게 말할 수 있을까? 우리는 그들에게 그런 생각이 하나님의 주권 교리의 의미를 온전히 이해하지 못한 증거라고 말할 수 있다. 성공적인 복음전도는 하나님의 주권적 은혜에 달려 있기 때문에 우리는 그런 신앙을 통해 복음전도를 더욱 강화하고, 복음전도자들을 도와야 한다.

하나님의 주권적 은혜를 믿는 신앙은 전도와 기도를 하나 되게 하라고 가르친다. 이 신앙은 우리를 사람들 앞에서는 담대하고 자신 있게 만들고, 하나님 앞에서는 겸손한 태도로 끈기 있게 기도하게 만든다. 마땅히 그래야 하지 않겠는가?

물론 이 교리를 믿지 않으면 복음을 절대 전할 수 없다는 뜻은 아니다. 하지만 나는 같은 조건, 같은 상황이라면 이 교리를 믿는 사람이 그렇지 않은 사람보다 단연코 복음을 더 잘 전할 수 있으리라고 확신한다.

주

1) *Horae Homileticae*, Preface: I. xvii f.
2) *Instructions for a Right Comforting Afflicted Consciences*, 3rd. ed. (1640), p. 185.
3) 나는 1959년 다시 출간된 존 오웬의 『그리스도의 죽음 안에 있는 죽음의 종식』이라는 책의 간단한 머리글에서 이 문제를 다룬 바 있다. 이 책은 "제한 속죄"와 관련해 일어나는 복잡한 문제들을 논하는 고전이다.

요지는 속죄의 가치 자체가 아니라 그리스도를 구주로 믿는 자들에게 주어지는 구원 은혜다. 그리스도의 죽음이 지니는 본래적 가치에는 아무런 제한이 뒤따르지 않는다는 사실에 대해서는 모두가 동의한다. 다시 말해 그리스도께서는 자기에게 나오는 자를 아무도 거부하지 않으신다는 것에 대해서는 이견이 없다.

의견이 엇갈리는 문제는 갈보리의 구원 사역을 합의하신 성부 하나님과 성자 하나님의 의도가 실제로 구원받는 사람들보다 더 많은 사람을 구원하는 데 있지 않느냐는 것이다. 이 미묘한 문제를 여기에서 다루기에는 지면이 부족하다. 이 문제에 대해 누가 어떻게 대답하든 이 책의 내용은 그런 논의에 의존하지 않는다.

4) *The Christian Doctrine of Reconciliation*, p. 287.

5) 조지프 하트의 "예수님은 누구신가"에서 발췌했다. 이 찬송가는 전체적으로 복음 초청을 장엄하게 묘사하고 있다(이 가사는 한글 찬송가에 번역되지 않은 6절이다-역주).
6) *The Glory of Christ* (Works, ed., W. Goold, 1850, I. 422).
7) *Old Paths*, p. 468.
8) 이 구절에서 "하나님의 선물"이 믿는 행위인지, 아니면 믿음을 통해 구원받은 사실인지에 대해서는 주석학자들 사이에 이견이 많다. 하지만 어떤 경우가 되었든 우리의 논점에는 영향을 미치지 않는다.
9) 『웨스트민스터 신앙고백』, 10장, 1항(고후 4:6; 고전 2:10 이하; 겔 36:26-27; 요 6:44-45; 빌 2:13 참조).
10) *The Acts of the Apostles*, p. 327.
11) *And can it be* (Christian Praise, 235).

사명선언문

너희가 흠이 없고 순전하여……세상에서 그들 가운데 빛들로
나타내며 생명의 말씀을 밝혀 _ 빌 2:15-16

1. 생명을 담겠습니다
만드는 책에 주님 주신 생명을 담겠습니다.
그 책으로 복음을 선포하겠습니다.

2. 말씀을 밝히겠습니다
생명의 근본은 말씀입니다.
말씀을 밝혀 성도와 교회의 성장을 돕겠습니다.

3. 빛이 되겠습니다
시대와 영혼의 어두움을 밝혀 주님 앞으로 이끄는
빛이 되는 책을 만들겠습니다.

4. 순전히 행하겠습니다
책을 만들고 전하는 일과 경영하는 일에 부끄러움이 없는
정직함으로 행하겠습니다.

5. 끝까지 전파하겠습니다
모든 사람에게, 땅 끝까지, 주님 오시는 그날까지
복음을 전하는 사명을 다하겠습니다.

서점 안내

광화문점 서울시 종로구 새문안로 69 구세군회관 1층
02)737-2288 / 02)737-4623(F)

강남점 서울시 서초구 신반포로 177 반포쇼핑타운 3동 2층
02)595-1211 / 02)595-3549(F)

구로점 서울시 동작구 시흥대로 602, 3층 302호
02)858-8744 / 02)838-0653(F)

노원점 서울시 노원구 동일로 1366 삼봉빌딩 지하 1층
02)938-7979 / 02)3391-6169(F)

일산점 경기도 고양시 일산서구 중앙로 1391 레이크타운 지하 1층
031)916-8787 / 031)916-8788(F)

의정부점 경기도 의정부시 청사로47번길 12 성산타워 3층
031)845-0600 / 031)852-6930(F)

인터넷서점 www.lifebook.co.kr